L'Architecture
de
Montréal

Oct. 7, 1993

L'Architecture de Montréal

photographies
Mia et Klaus

Mia Matthes
Klaus-Peter Matthes
Stéphan Poulin

texte liminaire
Jacques Folch-Ribas

texte et choix des photographies
Raymonde Gauthier
Pierre-Richard Bisson

Ordre des Architectes du Québec

Cette publication a bénéficié d'une subvention accordée dans le cadre de l'entente entre la Ville de Montréal et le ministère des Affaires culturelles sur la mise en valeur du Vieux-Montréal et du patrimoine montréalais.

Conception graphique
France Lafond

Composition
CNT Cangraf

Impression
Henri Rivard inc./
Imprimerie Boulanger

Données de catalogage avant publication (Canada)

Gauthier, Raymonde

L'Architecture de Montréal

ISBN 2-89111-426-4

1. Architecture – Québec (Province) – Montréal – Ouvrages illustrés. 2. Architecture – Québec (Province) – Montréal – Histoire. 3. Montréal (Québec) – Constructions – Histoire. I. Bisson, Pierre Richard. II. Folch-Ribas, Jacques, 1928- III. Titre.

NA747.M6G38 1990   720'.9714'28022
C90-096281-X

Tous droits de traduction et d'adaptation réservés; toute reproduction d'un extrait quelconque de ce livre par quelque procédé que ce soit, et notamment par photocopie ou microfilm, strictement interdite sans l'autorisation écrite de l'éditeur.

©Éditions Libre Expression et l'Ordre des architectes du Québec, 1990

Dépôt légal :
2ᵉ trimestre 1990

ISBN 2-89111-426-4

MONTRÉAL, LA MONTAGNE DANS L'ÎLE

Depuis quelques siècles, on ne sait pas combien, les peuples qui vivaient sur cette terre accostaient leurs canots emplis de fourrures, d'armes, de viande et de poisson. Débarquaient femmes, enfants et guerriers. Il y avait là une pointe formée par l'estuaire d'une petite rivière qui se jetait dans le Grand-fleuve-qui-marche. C'était un peu en aval des rapides – mais depuis des siècles les guerriers savaient comment on descend des rapides : en se jetant dedans et en riant, et comment on les remonte : en faisant le « portage » des bateaux et de leur contenu.

C'était un bel endroit pour débarquer, s'y rencontrer et faire du commerce : échange de fourrures, de renseignements, de paroles. Un écrivain d'ici, François Hébert, a écrit : « Le fleuve Saint-Laurent fait une bouche. Dans la gorge, Montréal c'est la langue. » On ne sait pas comment l'endroit du débarquement se nommait, mais c'était la porte d'entrée d'une île, au centre de laquelle se trouvaient une petite montagne et un village nommé Hochelaga.

Un jour arrivèrent des Blancs. Des sortes d'extraterrestres, vêtus d'étranges étoffes. Ils débarquèrent au même endroit, naturellement. Ils nommèrent la montagne Mont-Royal et fondèrent une cité, Ville-Marie, au bord du Grand-fleuve-qui-marche qu'ils appelèrent le fleuve de Saint-Laurent. C'est ainsi que tout a commencé pour Montréal.

C'est une des premières villes fondées en Amérique du Nord. Une ville de commerce. On vit, un été, le Gouverneur de Nouvelle-France au nom du roi Louis, le quatorzième, venir en bateau, depuis Québec la capitale, accompagné de son fauteuil Louis XIV, signe de puissance et de respect. Il s'assit, là, à l'estuaire de la petite rivière, pour assister à la palabre des marchands de fourrures. C'est ainsi que se perpétuent les traditions.

Après, il y eut des murailles. L'une des rares villes fortifiées d'Amérique du Nord, bien close dans ses murs pour se protéger. Il y eut des églises, des couvents, des entrepôts, des constructions militaires, des rues bordées de maisons marchandes et de logements. On aurait dit une ville française, dont l'architecture de bois et de pierre continuait celle des Angevins, des Bretons et des Normands et s'inspirait doucement des canons de la Renaissance européenne.

Quel plaisir aujourd'hui, après tant de siècles, d'aller dans ce que nous appelons "Le Vieux" – c'est le Vieux-Montréal – et d'y retrouver les façades de pierre grise, sèche, nue, avec les petites fenêtres qui furent faites de papier huilé, de peau tendue et à peine translucide, puis de carreaux de vitre (pour riches marchands seulement). De revoir les toitures à forte pente, d'ardoise ou de bardeaux de cèdre, sur lesquelles les « paquets » de neige glissaient jusqu'à la chaussée – de terre. De revoir ces murs, qu'on rénove avec un soin jaloux. Et d'admirer les anciennes églises, les couvents, les entrepôts. De découvrir une place, soudain, qui fut place du marché, où l'on exposait les condamnés à quelque peine ancienne et spectaculaire, pour le bénéfice des populations qui ont besoin d'exemples. D'entrer sous les voûtes mystérieuses qui débouchent dans des cours devenues jardins.

Pour les murailles, c'est trop tard. Elles furent toutes démolies. Mais ceci est une autre histoire. L'histoire suivante.

M ONTRÉAL se rend aux Anglais, la dernière place forte de Nouvelle-France. Un empire est remplacé par un autre. Montréal grandit, on y installe même le Parlement de ce nouveau pays qui s'appelle le Canada. Il n'y restera pas longtemps. Les Montréalais sont frondeurs, ils ont mauvais caractère, ils sont remuants. Déjà toutes les qualités des habitants d'une grande ville. Ils mettent le feu au Parlement, c'est de la petite histoire mais c'est ainsi que Montréal ne deviendra pas la capitale politique du Canada. Se contentera du titre de métropole, qui lui va mieux, et grandira pour le mériter.

Alors apparaissent les quartiers. Montréal des quartiers. Dix villes dans une ville, et davantage. Un urbanisme forcené, anarchique, spontané : le plus intéressant des urbanismes parce qu'il est la vie même et apporte avec lui le caractère fondamental – celui qui l'a fondée – d'une des villes les plus variées qui soient. On dit : « Il y a tout dans Montréal. » On a raison.

Il suffit d'aller sur les places de la ville. Ce sont des creusets, où tout se mêle, les âges, les styles, les bonheurs d'une époque qui s'est enfuie, et aujourd'hui les Montréalais aux visages divers.

Certaines fois, l'agora des temps anciens – le parvis de Notre-Dame – est engoncée au pied de gratte-ciel qui modestement ne chatouillent que les brumes venues du fleuve. Mais là, les calèches à pompons rouges et à voiturier rigolard se mêlent aux autocars de touristes, aux taxis, aux voitures des banquiers et aux bicyclettes des livreurs de courrier qui se faufilent entre neige et glace, eh oui, même l'hiver – qui est long…

D'autres fois – place Jacques Cartier – au pied de la statue de Nelson qui tourne le dos au fleuve comme si l'eau était pour lui le mauvais souvenir, les marchands de fleurs font un décor aux terrasses des cafés, les mouettes et les pigeons côtoient leurs deux solitudes et la fête de la jeunesse bat son plein, l'été – qui est court…

Des architectures se chevauchent autour des places. Carré Saint-Louis, pierre et ardoise. Ailleurs, aluminium, verre, formes pures autour d'érables centenaires, rouges et dorés, l'automne – qui est si beau…

Au printemps, des fleurs partout, hâtives, pressées, comme les Montréalais pris de la « fièvre du printemps », saisis de hâte à la pensée de la tombée du jour où il faudra gagner les pelouses et les jardins des banlieues, vers le nord et le sud. Mais pour cela, traverser le fleuve.

Montréal a toujours eu maille à partir avec son fleuve. La montagne dans l'île, encore. Les Français vaincus avaient brûlé leurs drapeaux à l'île Sainte-Hélène, au milieu de l'eau, pour être tranquilles. Les Anglais, puis les Américains, puis encore les Anglais, songèrent à cette barrière naturelle qu'il fallait franchir d'une manière ou d'une autre, et les occasions se multipliaient. Les Montréalais, eux, trouvaient des solutions tout à fait originales. Jusqu'au milieu du XIXe siècle, ils attendaient que le fleuve gèle, puis installaient des voies de chemin de fer. Un tortillard au charbon s'élançait, deux fois par jour. Près de là, on passait une herse sur la glace, pour l'égaliser un peu, et les charrois, sur patins, pouvaient traverser.

L'industrialisation arrivait, qui allait construire le premier pont baptisé du nom de la gracieuse reine Victoria. Au demeurant, ce pont fut le cimetière des Irlandais, morts de typhus autant que de travail, immigrants de la seconde vague, fuyant la famine de leur pays d'Europe.

Depuis ce temps commémoré par un célèbre monument, le Roc des Irlandais, ceux-ci ont essaimé, se sont fondus dans le tissu urbain. Ils ont donné l'exemple de ce que les vagues successives d'immigrants allaient faire : au contraire de l'Europe, se fondre tout en ne se fondant pas. Si bien que les quartiers de Montréal, ces fameux quartiers qui font le charme particulier de la ville, portent parfois un nom de peuple, italien, grec, portugais, chinois, anglais, mais qu'il n'y a pas de quartier français, ni québécois, parce qu'ils le restent tous, peu ou prou.

Le Montréal des quartiers. Qui ne sont pas des ghettos, ni des zones. Dont les marges indécises se pénètrent l'une l'autre, des tentacules en forme de rue, bourrées de ventouses canadiennes-françaises ou italiennes pour s'accrocher loin, au territoire voisin qui serait plutôt grec, ou anglais. Ou autre chose.

Ce sont des villes dans l'île, des enclaves historiques ou modernes, d'anciens bourgs et faubourgs, des villages qui ont engraissé. Chacun d'eux s'est enrobé, enkysté, puis a épousé les territoires voisins.

Les quartiers ? Il y en a qui portent des noms chargés d'histoire. *Hochelaga-Maisonneuve* : deux noms, celui du premier village amérindien et celui du fondateur qui gravit la Montagne et y porta la première croix chrétienne... *Ahuntsic* : l'Amérindien qui s'illustra sur la rivière des Prairies – qui est un autre bras du fleuve, et un autre quartier aussi... Il y en a qui portent de vieux noms de France : *Lachine, Villeray, Verdun, Anjou,* et la *Petite-Bourgogne*...

Et puis, des noms de poésie. *Pointe-Claire*, à la brunante le ciel y est de couleur rose. *Pointe-aux-Trembles*, on voit une forêt bruissante au moindre souffle. *Le Sault-au-Récollet*, depuis trois siècles un clerc s'élance, chaque fois que l'on prononce ce nom. *Pierrefonds*, rocaille à fleur d'eau? *Notre-Dame-de-Grâce* où vivent encore quelques-uns de nos poètes. Et la *Côte-des-Neiges* où l'on pliait et dépliait, jadis, les trottoirs de bois, l'automne et le printemps.

Encore ? Des noms de géographie : Outremont, Rosemont, Westmount, Ville Mont-Royal, Plateau Mont-Royal... Je ne peux les citer tous et c'est bien, car ainsi cette ville foisonne de villages, tous différents, enlacés, tissés ensemble.

Au centre, la montagne : un parc. Un petit lac entouré de forêts, de chemins, de belvédères d'où le regard s'étend sur l'île immense. La nuit, c'est féerique et l'on y entend toute l'année chanter les oiseaux.

Des sommets d'où l'on peut voir, en surplomb, toute l'activité du centre-ville et, plus loin, au-delà du fleuve sur lequel passent les cargos, la campagne lointaine et (s'il fait clair) les montagnes des États-Unis... Des sommets d'où l'on peut contempler les quartiers couchés le long des voies rectilignes, à perte de vue... C'est assez rare, au coeur d'une ville, pour lui donner un caractère.

Le Montréal des quartiers, c'est un mystère renouvelé, transformé de vingt ans en vingt ans suivant la location d'appartements ou la construction de logis.

Ce sont des unités de voisinage certaines, avec leur caractère particulier, mais de tracé urbain flou. Où se termine le Plateau Mont-Royal, et en quelles années? Au XIXe siècle, il n'y avait là que des villages, dont celui de la Côte Saint-Louis qui deviendrait le coeur du futur Plateau. Montréal s'agrandit, elle annexe, il se construit des résidences, de petits ateliers de chaussures et de vêtements, c'est un quartier d'ouvriers et de petits commerçants. Comme on manque de place et que la construction est chère pour le quartier, on invente cet élément typique de Montréal : l'escalier extérieur en métal et bois. Une trouvaille aussi absurde pour le climat qu'ingénieuse et *décorative*. Fers forgés, volutes, tournants de marche, galeries et balcons ouvragés. Architecture sauvage, spontanée, artisanale, dont les restes sont plus que de beaux restes : un style duquel Montréal s'est accommodé et qui est devenu aussi un style de vie. On se parle, on se fréquente, non seulement sur le perron – comme dit une chanson célèbre – mais sur l'escalier, et sur le balcon.

Et puis, le décor architectural. Corbeaux, surplombs des murs coupe-feu, allèges et cadres de fenêtre, portes de bois à panneaux avec des vitres... et les petits rideaux derrière. En haut, les corniches ouvragées, les toitures de bardeaux, et d'ardoises. Les mansardes avec leurs lucarnes moulurées. La pierre «grise» de Montréal – elle aussi deviendra célèbre – et le mélange des briques de couleur. Un style architectural est là, tout son charme dehors, qui débordera le Plateau pour essaimer un peu partout.

La construction des églises emboîte le pas, avec des moyens matériels qui voudront marquer l'importance des paroisses. Grandes églises, fortes églises où les architectes auront le souci du paraître. Colonnades, arcs, balustres, urnes sur les toits, clochers décorés et encapuchonnés de coupoles, niches à statues, toute une architecture d'apparat qui prend ses modèles en Europe : Renaissance, Tudor, Victorien, néo-classique. Toutes influences mêlées. Montréal aux 365 églises (il y en a davantage) et il y en a partout, dans tous les quartiers, suivant cet axiome qu'un quartier, c'est une paroisse et une réunion de paroisses. Tous les Saints du calendrier sont là, qui serviront aussi à baptiser les rues – sans oublier des noms anachroniques comme Saint-Enfant-Jésus-du-Mile-End, ou la Visitation... du-Sault-au-Récollet.

Monastères et institutions religieuses suivront. Comme au bon vieux temps de la Nouvelle-France, et de Ville-Marie – qui fut le premier nom de Montréal. Maisons mères des soeurs de toutes obédiences, couvents et maisons d'enseignement religieux. Et les usages divers, encore là, se mêlent : églises et temples anglais, temples maçonniques, Saint-Patrick irlandais, églises italiennes, orthodoxes grecques... Le tout dominé par l'Oratoire, sur les flancs du Mont Royal, en situation privilégiée de hauteur géographique. La montagne dans l'île, toujours.

LA VILLE des immigrants, c'est celle de l'entre-deux-guerres et de l'après-guerre, une cinquantaine d'années, la première moitié de ce siècle. En ce temps-là, une architecture se faisait dans les quartiers de commerce et d'habitation, une architecture folle, farfelue, qu'un ami italien qualifiait de « songe de l'immigrant pauvre » (mais c'est beaucoup plus joli en italien). Reconstituer sur une façade ou dans une cour, aux couleurs vives de la Grèce ou du Portugal, aux couleurs pastel d'Ombrie, un coin du pays ancien, pour la nostalgie. Faux marbres de Carrare, faux stucs d'Espagne, fausses poutres bavaroises. Le promeneur trouve encore, de-ci, de-là, des réminiscences de cette époque où l'on n'était pas encore tout à fait canadien, ni québécois, ni montréalais. Ce n'est pas le moindre charme historique de la ville, il est comme un rappel d'architectures devenues obsolètes.

Les mêmes rappels, mais plus persistants, pour les styles anglais. Ils datent de plus longtemps. Il y a une permanence du genre « château », à Montréal, qui a toujours marqué l'architecture. On découvre soudain des forteresses gothiques, Tudor, « perpendicular » et même élizabethaines auxquelles on ne s'attendait pas. Arcatures de pierre des portes bourgeoises, en arc brisé. Tourelles et bow-windows, créneaux de château fort, on se croirait en Angleterre, à côté de colonnades gréco-romaines et de façades si renaissantes qu'on se croirait en France. Un ami, un autre, François Weyergans, a écrit que la capitale de l'Europe est Montréal. D'apparence, il a raison. Il y a tout dans Montréal.

LEVEZ les yeux. C'est Montréal-les-toitures, Montréal-les-corniches.

Cela se passe au troisième étage, parfois au quatrième. Lorsque les murs se terminent et que commencent les combles, ou les toits en pente, ou les faux toits, les parapets ou les faux pignons. Il y a là des richesses de décor que l'on trouve rarement en si grand nombre dans toute autre ville. On dirait que la présence obsédante de la neige et de la glace au niveau des rues, au ras des trottoirs, a porté les constructeurs, découragés, vers le haut et qu'ils ont mis là tout ce qu'ils savaient faire, nous faisant lever la tête pour admirer leur goût… En même temps que les surplombs, évidemment, protégeront les murs des intempéries. Très ancienne tradition québécoise qui venait de Normandie et de Bretagne, la corniche ouvragée, et qui s'est enrichie de tous les styles successifs.

C'est une invention continuelle. Tout ce qui pouvait se faire en combinant les bois, croisés, cloués, peints, et les solins, et les larmiers se trouve là dans cette ligne brisée des corniches. Métopes et triglyphes, corbeaux, surplombs, encorbellements. Les toitures elles-mêmes, avec des tourelles de toutes les formes, des pignons à œil-de-boeuf, des cheminées, des grilles pour retenir la neige, des faîtières de fer forgé… Tout cela est néo-classique français, victorien, Renaissance italienne, et même, et surtout, décor populaire qui se moque des styles. C'est une architecture de plaisir, un décor de joie. Il y en a des rues et des rues, chapeautées sous les ciels mouvants de l'île.

Ainsi, l'architecture de Montréal raconte. Elle parle spontanément des hommes et des femmes qui y sont nés ou y sont venus vivre, l'espoir au coeur, et y ont trouvé la convivialité. Elle parle aussi, par de grands bâtiments publics, de travail, d'économie, de politique, de commerce. En ce sens-là, la ville est américaine. On dit pourtant : la plus européenne des villes d'Amérique du Nord. Cela tient peut-être à l'assimilation jalouse qu'elle a fait, de ce continent, tout en refusant l'excès.

Car rien n'est excessif. Tout garde une échelle raisonnable, avec des rappels d'histoire. Les bâtiments publics, par exemple, qui racontent souvent, eux aussi, les âges de la raison tranquille.

Le vieux Palais de Justice de 1857 est là, ainsi que la vieille Douane de 1838. Le marché Bonsecours (1847) avec son dôme reconstruit qui resplendit de tous ses feux, dans le « Vieux » où se trouvent aussi d'anciennes casernes de pompiers – les incendies spectaculaires que cette ville a connus sont célèbres. L'Hôtel de Ville, lui, trône sur son architecture Second Empire, le Palais de Justice de 1926 sur ses colonnades doriques. C'est la cité classique dont les rues « financières » comme la rue Saint-Jacques, et l'architecture des banques se sont inspirées, dans de nombreux quartiers.

L'époque contemporaine, elle, a construit un Montréal debout, à l'image des villes d'Amérique. L'acier, le verre, l'aluminium ont dressé au coeur de l'île, entre montagne et fleuve, ces architectures phalliques, signées parfois de très grands noms internationaux, bâties pour la rentabilité. C'est en hauteur, certes, mais sans exagération, comme si l'on ne voulait pas rompre trop brusquement avec Montréal, ville couchée, ville verte et horizontale, dont les principales rues s'allongent parfois sur dix kilomètres en suivant les courbes de la rive… Surtout, caractère particulier engendré par le climat, ces mini-gratte-ciel sont posés sur une ville souterraine.

Entrelacs de rues, de places, de centres d'achat à plusieurs niveaux en sous-sol, où les hivers s'oublient parmi les plantes, les arbres entiers et les climats contrôlés, aux terrasses de café, aux restaurants, aux magasins, cinémas, théâtres, centres sportifs, stations de métro et piscines… Architecture souterraine, ville sous la ville où l'on peut, dit le dicton, tout faire de ce qui fait une vie – sauf pourtant s'y faire enterrer.

Dehors, en haut, c'est-à-dire sur le sol, se prolonge ce mouvement perpétuel. Il faut aller le samedi matin dans l'un des grands marchés de la ville pour y rencontrer tout le monde. On y vient chercher des fleurs et des arbustes au pied même des camionnettes venues de la campagne, bourrées de plants et de légumes et de fruits. Les boucheries, les épiceries, installées dans des architectures anciennes retapées, rafistolées, se disputent une foule bigarrée, joyeuse, qui veut apprendre ce qui se fait ailleurs, la bonne recette folklorique, et goûter aux parfums du terroir, pommes, sucre d'érable, tomates, et aux odeurs de pain.

Tous les jours de la semaine, le même grouillement marchand le long du boulevard Saint-Laurent, l'ancienne « Main », la grand'rue, devenue un centre international de la victuaille. Les lapins grillent devant vous, et les saucisses balkaniques, teutonnes, polonaises et nord-africaines. Immenses étalages de pâtisseries orientales. Petits cafés restaurants. Plus au nord, *trattorie* où de sombres querelles se font à propos du football d'Europe tandis qu'aux tavernes et brasseries se disputent devant la télévision les buveurs de hockey, de base-ball et de football américain.

M ONTRÉAL, ville nord-américaine ? Parce qu'elle est mouvante, passée, actuelle, et à venir. Parce que rien n'y est figé. La mode y change de lieu, suivant les années, suivant les saisons. Cette rue où vous alliez chercher les vêtements et les nourritures, ce quartier de bistrots français, de rôtisseries américaines et de restaurants d'Europe centrale, tout à coup, vous n'y allez plus car il a changé, et d'autres modes se sont installées ailleurs. Or, le Montréalais est curieux, il veut tout voir, tout essayer. Vous aurez du mal à le suivre. N'est-ce pas ce qui fait une grande ville, lorsque vous ne pouvez plus la connaître toute parce qu'elle bouge sans arrêt ? Rue Saint-Denis, boulevard Saint-Laurent, rue Sainte-Catherine, rue Sherbrooke, ce sont les grands axes de vie du Tout-Montréal, avec chacun leur style particulier, et pourtant ils tournent, mouvement perpétuel, périodique, impression que ce ne sera jamais immobilisé. Et c'est ainsi dans tous les quartiers.

Montréal mouvante, émouvante. Comme cette lumière qui la baigne, de saison en saison, de jour en jour, d'heure en heure. Bleus de lait du matin, quand les mouettes viennent du fleuve, avec le cri soufflé d'un remorqueur. Tempêtes blanches de la poudrerie et lendemains aveuglants du soleil sur la neige. Crépuscules roses sur les immeubles d'aluminium et de verre bleuté. Couchers de soleil en arc-en-ciel sur les rues et les places des quartiers, à travers les branches des arbres. Feux qui grésillent la nuit, en constellations d'étoiles blanches et rouges, tout autour de l'île et sur sa montagne.

Pourrait-on dire que Montréal, sans être triomphante, est une ville heureuse ?

De toute l'Amérique du Nord, c'est la ville la plus vivante, parce qu'elle l'est dans son ensemble, et dans tous ses quartiers. C'est une ville chargée d'esprit, parce qu'elle pétille et crépite continuellement, curieuse de tout, et empressée.

Pourtant, on peut encore à Montréal s'arrêter, réfléchir, admirer en *silence*, ce qui est, de plus en plus, une richesse rare.

Jacques Folch-Ribas

UNE VILLE ET SON ARCHITECTURE MONTRÉAL : 1642-1990

MONTRÉAL est une ville nord-américaine; les racines de son architecture sont françaises, mais elle s'inscrit depuis le milieu du XIXe siècle dans l'histoire de l'architecture de ce continent. C'est ce qui lui donne sa spécificité et fait son intérêt. Les architectes qui l'ont dotée de ses bâtiments les plus prestigieux, comme de ses habitations plus modestes, sont de formations diverses; ils ont composé au cours des siècles une mosaïque colorée en constante mutation.

L'ÉTABLISSEMENT

Comme dans dans le cas de toutes les villes du monde, c'est la morphologie du sol qui a déterminé le site de l'établissement. D'abord conçu en fonction de la pointe à Callières, que l'on croyait aisément fortifiable, le plan original de développement dut être abandonné, ce triangle de terre étant menacé par les inondations d'un fleuve puissant. L'étape suivante fut d'établir la ville sur ce qu'on appelait alors "le côteau", utilisant la rue Saint-Paul comme base du tracé. Celui-ci, mal contrôlé, s'étira vite en un rectangle dont la fortification s'avéra fort coûteuse. Bien que l'on ne connaisse pas les détails du projet urbanistique d'origine ni ses auteurs, on sait que la cession aux sulpiciens de la seigneurie de l'île de Montréal en 1663 contribua largement à sa définition; la nouvelle ville reprenait alors en son sein les établissements construits sur l'actuelle rue Saint-Paul par Jeanne Mance, qui se consacrait au soin des malades, et par Marguerite Bourgeoys, qui tentait d'inculquer un mode de pensée européen aux jeunes Amérindiennes.

La recherche n'a pas encore permis de recueillir une information complète sur la production architecturale montréalaise de cette période. On sait cependant que les programmes de ces bâtiments, dont les coûts étaient assumés en grande partie par la monarchie française, étaient conformes à ceux des bâtiments institutionnels européens. Le plan en était donné par un notable ou un maître maçon entrepreneur, au fait des derniers développements en matière d'architecture dans le pays d'origine; il appartenait alors aux artisans de fixer dans la pierre les formes conçues et dessinées sommairement. Parmi les bâtiments subsistant de cette période figurent le vieux séminaire de la rue Notre-Dame et la maison Saint-Gabriel de Pointe-Saint-Charles. Nous conservons peu d'exemples de l'architecture domestique pratiquée à cette période; la grande activité qu'a connue la partie basse de la ville, à cause de la proximité du port, a entraîné des modifications importantes au XIXe siècle et au début du XXe. Les rues du Vieux-Montréal ont progressivement vu leurs constructions changer d'échelle et les habitations sont devenues commerces et entrepôts.

On notera également la présence, dans ce milieu, des ingénieurs militaires, qui dotèrent la petite ville d'un mur de fortification, aussi bien que de fortins situés sur les pointes marquant le pourtour de l'île et dont le fort de Senneville constitue un exemple.

LE NOUVEAU RÉGIME

La conquête anglaise devait d'abord amener une stagnation dans le milieu de la construction avant que la modification du système de gouvernement n'entraîne l'édification de bâtiments institutionnels témoignant de la séparation des pouvoirs caractéristique de la monarchie constitutionnelle. En l'absence de nouveaux artisans qui auraient été formés en Angleterre, les artisans formés en France ou descendants immédiats d'artisans français conservèrent le contrôle du milieu de la construction; ils poursuivirent l'édification et l'ornementation des églises de culte catholique, telle celle de la Visitation-du-Sault-au-Récollet, et adaptèrent simplement leur production aux modèles proposés par les nouveaux maîtres pour donner à la ville des bâtiments institutionnels d'une facture nouvelle. Quelques-uns de ces édifices, comme le Palais de Justice et la prison aujourd'hui disparus, avaient été érigés selon des plans conçus par François Baillairgé, un architecte de Québec, sur un site confisqué par le gouvernement anglais aux jésuites. Certains lieux voués au culte protestant furent également construits pour les nouveaux arrivants; les ouvrages de modèles alors populaires en Angleterre furent utilisés en guise de référence, les artisans matérialisant des idées reçues d'ailleurs. Un des ouvrages les plus couramment utilisés dans la colonie fut le recueil publié à Londres par James Gibbs en 1728 et intitulé *A Book of Architecture*.

LA NOTION D'ARCHITECTE

Depuis le début de la colonie, des maçons, des charpentiers, des entrepreneurs, des arpenteurs, des fonctionnaires et des ecclésiastiques se sont dits "architectes". En l'absence de corporation professionnelle dûment constituée, chacun a pu, à cette époque, s'arroger le titre. Rappelons qu'à ce moment les artisans n'ont besoin que d'un nombre restreint de directives de leur client pour matérialiser le bâtiment désiré. Ces directives, inscrites dans le marché de construction passé devant notaire, précisent le matériau, les dimensions, le nombre d'ouvertures et de cheminées pour le maçon, le type de toit et de planchers pour le charpentier, le nombre et la qualité des fenêtres, portes et armoires pour le menuisier. Deux groupes d'ouvriers se trouvent sur le chantier : ceux qui travaillent la pierre et ceux qui travaillent le bois; ils peuvent contracter pour eux-mêmes ou accepter de se soumettre aux ordres d'un entrepreneur. Les connaissances acquises par expérience suffisent à l'ouvrier pour réaliser les commandes qui ne s'écartent pas de ce qui se fait habituellement dans le secteur. Jusqu'ici, il ne s'agit pas d'architecture, mais de construction.

Mais, au sens où on l'entend à cette époque, l'architecture, c'est l'utilisation de l'ordre classique d'architecture et l'architecte est celui qui en connaît les règles. Cet architecte peut concevoir des plans, sinon les tracer, qu'il soit artisan de métier ou suffisamment lettré pour connaître ce système né chez les Grecs qui préside à l'élaboration des constructions. L'architecte connaît la règle des proportions et peut, au besoin, la reproduire sur une feuille de papier ou dans une maquette, parce que son érudition lui fournit les bases pour ce faire, ou parce que l'utilisation fréquente de plans, comme dans le cas de l'entrepreneur, lui a permis de se familiariser avec le concept.

LA VILLE ET SES FAUBOURGS

Cette manière de faire sera en usage à Montréal durant tout le XVIIIe siècle et la première partie du XIXe. La ville s'étend alors lentement au-delà de la ligne de ses fortifications, en direction nord, respectant les frontières des terres concédées au XVIIe siècle en fonction de l'orientation du fleuve. Progressivement, un quadrillage à l'américaine s'imposera sur les nouveaux espaces lotis. La ville démolit ses fortifications entre 1801 et 1805, et se dote de nouveaux services publics. Une place est créée à même les jardins de la maison de Vaudreuil, aujourd'hui disparue, qui faisait immédiatement face au fleuve; cet espace urbain qui a longtemps servi de marché, est maintenant connu sous le nom de place Jacques-Cartier.

De nouveaux quartiers apparaissent. Le faubourg Québec à l'est, le faubourg des Récollets à l'ouest, mais surtout le faubourg Saint-Laurent, traversé par la rue du même nom, accueillent ceux qui ne peuvent plus se permettre de vivre à l'intérieur de la vieille ville, désormais envahie par le commerce.

UN CHANGEMENT MAJEUR

L'histoire prend cependant une autre direction en 1823, à la suite de la décision des sulpiciens, assistés des marguilliers de l'unique paroisse de la ville, de construire une église assez grande pour abriter tous les catholiques montréalais. Un architecte protestant d'origine irlandaise et œuvrant à New York, James O'Donnell, construit l'église Notre-Dame de Montréal. Ce temple, qui ne recevra son ornementation intérieure qu'une cinquantaine d'années après l'érection de l'enveloppe, devait remplacer l'église construite sous le Régime français et qui s'allongeait en direction est-ouest sur la place d'Armes. Les deux tours de l'église furent achevées par John Ostell, un architecte anglais qui exerçait aussi les fonctions d'arpenteur et qui était venu s'établir dans la ville en 1834.

L'arrivée d'Ostell marqua véritablement le début d'une architecture proprement montréalaise; utilisant des formes inspirées du palladianisme anglais, il dota la ville du bureau des douanes de la place Royale, de sa première université, McGill, et d'un Palais de Justice, toujours utilisé bien qu'à d'autres fins, rue Notre-Dame. L'alliance qu'il fit avec son neveu Henri-Maurice Perrault, dont la famille était importante dans le milieu de la construction montréalaise, permit aux artisans de la ville de découvrir de nouvelles techniques et de nouveaux modèles. Désormais, la ville comptait des architectes entièrement responsables de leur œuvre créatrice; ils donnaient les plans, rédigeaient les devis, surveillaient les travaux.

LA PÉRIODE VICTORIENNE

Montréal étant en pleine expansion économique à la suite de l'ouverture du canal de Lachine en 1829, il était normal que le nombre de ses architectes et celui de leurs réalisations croissent également de façon importante. La décennie qui allait suivre vit arriver George Browne, un architecte qui avait d'abord exercé ses talents à Québec et à Kingston; William Footner, qui devait nous laisser le marché Bonsecours; John Wells, plus ingénieur qu'architecte, mais qui donna les plans de la prison du Pied-du-Courant; et Félix Martin, un jésuite français qui livra le collège du Gesù aujourd'hui démoli, et l'église Saint Patrick.

Le milieu des artisans de la construction, qui présentait une organisation très cohérente et dont les membres étaient très souvent apparentés, se donna également, à ce moment, ses propres architectes. Parmi les artisans dont le statut devait se trouver modifié figure Victor Bourgeau. Né à Lavaltrie, village situé à proximité de Montréal, sur la rive nord du fleuve, Bourgeau était à l'origine un sculpteur. Associé à une famille d'artisans du bois, les Pépin, il avait parcouru le diocèse de Montréal pour doter les églises de culte catholique de leur ornementation intérieure traditionnelle. Au milieu du siècle, le deuxième évêque de Montréal, Ignace Bourget, lui confia la tâche d'ériger une église dans le faubourg Québec, Saint-Pierre-Apôtre. S'inspirant alors de gravures d'origine américaine, le sculpteur promu architecte donna les plans d'une église qui reprenait les formes d'un temple construit à New York et marquait ainsi l'introduction formelle des modèles provenant des États-Unis dans l'architecture montréalaise, dont ceux de Minard Lafever et de Samuel Sloan; ce courant d'inspiration ne devait plus se tarir.

Bien que le phénomène ait aussi ses exceptions, dont témoigne la construction de la cathédrale Saint-Jacques, réplique au tiers de Saint-Pierre de Rome, et de Christ Church, construite selon les plans d'un architecte britannique, Frank Wills, ce regard orienté vers nos voisins du Sud devait être tempéré par le respect obligé de la tradition. Les grandes institutions religieuses, comme le grand séminaire, le couvent des soeurs grises et l'Hôtel-Dieu, se devaient de respecter le plan habituel des bâtiments conventuels, répartissant les fonctions en prenant la chapelle pour pivot; ce système allait être utilisé jusqu'au milieu du XXe siècle, le couvent des dominicains construit à la toute fin des années 50 marquant véritablement la rupture avec la tradition encore illustrée par Viau et Venne à la maison mère des soeurs des Saints-Noms-de-Jésus-et-de-Marie à Outremont en 1923.

UNE VILLE EN PLEIN DÉVELOPPEMENT

C'est au milieu du XIXe siècle que la ville, dont le développement allait atteindre le mont Royal, se dota de son premier parc. Les épidémies qui avaient affligé Montréal peu de temps auparavant forcèrent les autorités à établir les lieux d'ensevelissement à la périphérie des espaces habités. On déplaça les cimetières catholique et protestant en direction de la montagne et celle-ci fut aménagée pour le bénéfice de tous les citadins, suivant les énoncés de l'architecte et paysagiste américain Frederick Law Olmsted, déjà fort connu à la suite de la création de Central Park à New York.

Le quartier des affaires, situé à proximité du port, devait aussi devenir un centre d'intérêt à compter de ce moment. La place d'Armes fut choisie comme noyau central du développement; on y construisit le siège social de la Banque de Montréal en 1846, et les autres institutions financières vinrent se greffer sur la rue Saint-Jacques, qui y débouchait. George Browne se rendit responsable du siège social de la banque Molson et de plusieurs autres bâtiments à fonction commerciale, dont l'édifice Frotingham & Workman. L'architecte John William Hopkins, qui deviendra en 1890 le premier président de l'Association des Architectes de la Province de Québec, devait également nous laisser quelques bâtiments commerciaux d'un grand intérêt, comme l'édifice Allan de la rue Saint-Pierre et l'édifice de la Great Scottish Life Insurance, aussi appelé édifice Plourde, au coin nord-est de la place d'Armes. L'aménagement de la montagne ayant attiré l'attention de la classe aisée sur les terrains la ceinturant, il avait déjà donné, avec la collaboration de Victor Roy, qui avait précédemment fait un long séjour dans les bureaux d'architectes de Chicago, les plans de la villa Ravenscrag, construite pour l'usage de Hugh Allan, important entrepreneur maritime. Les architectes Cyrus P. et William T. Thomas font également partie de ce groupe; on leur doit, entre autres, l'édifice Caverhill et la maison Shaughnessy, qui a servi d'ancrage au Centre canadien d'Architecture.

UNE FIN DE SIÈCLE FLORISSANTE

Les architectes étrangers furent étroitement mêlés à la construction des édifices commerciaux et industriels à compter de la seconde moitié du XIXe siècle, d'une part parce que certaines entreprises américaines œuvrant à Montréal, où elles érigeaient des succursales, utilisaient surtout les services de leurs compatriotes, et d'autre part parce que les architectes locaux, le plus souvent formés par apprentissage, étaient considérés comme dépassés. Rappelons ici la construction de l'édifice de la New York Life Insurance par Babb, Cook & Willard; du Montreal Stock Exchange par George B. Post; des gares Windsor et Viger et du Royal Victoria College par Bruce Price; l'agrandissement de la Banque de Montréal par McKim, Mead & White; la construction de l'hôtel Windsor par Hardenberg & Gilbert; de l'hôtel Ritz-Carlton par Warren & Wetmore; de l'édifice de la Banque Royale par York & Sawyer, tous des architectes de New York; et la construction de la Canada Life et de l'édifice du Grand

Tronc par Richard A. Waite, architecte de Buffalo. L'architecture du monde occidental était alors fortement influencée par l'enseignement dispensé à l'École des Beaux-Arts de Paris, où avaient été formés de nombreux architectes américains, qui considéraient alors Montréal comme partie de leur territoire de pratique.

Rappelons également que les Britanniques continuaient d'exercer à Montréal une influence certaine. C'est l'architecte Saxon Snell qui fut chargé de la confection des plans de l'hôpital Royal Victoria, premier établissement hospitalier d'importance à Montréal, qui fut construit à partir de 1891.

LA CRÉATION DE L'ASSOCIATION DES ARCHITECTES DE LA PROVINCE DE QUÉBEC

Les dix dernières années du règne de Victoria furent marquées par l'organisation de concours d'architecture ouverts aussi bien aux Américains qu'aux Canadiens, bien que ceux-ci n'y fissent pas bonne figure. Le premier concours gagné par un Canadien fut celui destiné à l'érection, en 1891, du premier bâtiment de la Sun Life Insurance Company, sur la rue Notre-Dame, et encore fut-il remporté par Robert Findlay, un architecte montréalais mais d'origine écossaise et de formation européenne; nous conservons également de lui l'Hôtel de Ville de Westmount.

Les architectes de formation étrangère disposaient donc d'un préjugé favorable et ne se gênaient pas pour en user. Cet état de fait constitua une incitation de plus à la formation de l'Association des Architectes de la Province de Québec, qui, en regroupant les architectes locaux, put tenter de défendre leurs intérêts contre l'ingérence étrangère, tout en contrôlant la compétence des architectes formés par apprentissage auprès d'un maître issu de la tradition. Ceux-ci se consacraient majoritairement à la construction religieuse et résidentielle, nous donnant ces rangées de maisons de pierre grise ou de grès rouge, si coquettement ornées. Parmi les plus célèbres figurent Maurice Perrault et Albert Mesnard, qui construisirent la chapelle du Sacré-Coeur attenante à l'église Notre-Dame; Alexander Cowper Hutchison, responsable de la construction de l'Hôtel de Ville de Montréal et qui, en fin de carrière, nous donna l'église Erskine and American et le Canadian Express Building; Dalbé Viau et Louis-Alphonse Venne, architectes de l'Oratoire Saint-Joseph; et John James Browne, fils et associé de George Browne, qui poursuivit l'œuvre de son père.

LES ARCHITECTES DE FORMATION EUROPÉENNE

Plusieurs Montréalais devaient cependant s'illustrer au tournant du présent siècle par la construction d'édifices prestigieux destinés à servir une population en pleine expansion à la suite d'une industrialisation galopante. C'est le cas d'Edward et de William S. Maxwell ainsi que de J.-Omer Marchand, qui reprirent les principes mis de l'avant à l'École des Beaux-Arts de Paris. Marchand y avait séjourné, et l'un des frères Maxwell également. Ceux-ci nous donnèrent plusieurs édifices à usage commercial, dont la London & Lancashire, la Montreal Art Association Gallery, devenue musée des Beaux-Arts, et ces maisons prestigieuses construites à flanc de montagne dans le quartier qui porta longtemps le nom de "Square Mile". Marchand dota la ville d'édifices institutionnels, dont la maison mère de la Congrégation Notre-Dame, l'église Sainte-Cunégonde et la prison de Bordeaux restent les œuvres les plus marquantes, et de certains bâtiments municipaux, dont les bains Généreux.

À ce groupe formé à l'étranger, il conviendra d'ajouter plus tard le nom d'Ernest Cormier, qui se logea de façon élégante sur l'avenue des Pins et dont l'œuvre principale reste le bâtiment principal de l'université de Montréal. Il s'était rendu responsable, en début de carrière et avec l'aide des architectes Saxe & Amos, du nouveau Palais de Justice, dont la colonnade monumentale s'allonge du côté sud de la rue Notre-Dame. Un Canadien formé par apprentissage, Eugène Payette, reprit lui aussi les formes mises de l'avant par l'École des Beaux-Arts, pour nous laisser deux des grands centres culturels de la ville antérieure à 1914, la bibliothèque Saint-Sulpice et la Bibliothèque municipale.

DES INGÉNIEURS ET DES ARCHITECTES

Une grande partie de l'actuelle ville de Montréal était déjà construite lorsque éclata la Première Guerre mondiale. Elle s'était greffé déjà plusieurs banlieues résidentielles et devait connaître une addition intéressante à l'est à la suite de la création de la ville de Maisonneuve, qui, selon ses concepteurs, devait être "la Pittsburgh du Canada". Plusieurs entreprises manufacturières y érigèrent des fabriques; l'édifice de la Johnson & Johnson, récemment rénové avec avantage, est un témoignage intéressant de cette période.

L'ingénieur Marius Dufresne, qui faisait partie du groupe immobilier qui développait Maisonneuve, avait été formé à l'École polytechnique de Montréal, où l'on dispensait également des cours d'architecture. Il dota la petite ville modèle de plusieurs de ses bâtiments municipaux, dont les bains Maisonneuve demeurent l'une des constructions les plus prestigieuses. Cette ville fut, par la suite, absorbée dans la trame de Montréal. La résidence qu'il partagea avec son frère Oscar, industriel de la chaussure, abrite aujourd'hui le musée des Arts décoratifs; il est dit "château Dufresne" et affirme la variété de l'œuvre de cet ingénieur, qui a également laissé un bâtiment commercial locatif inspiré du néo-gothique, l'édifice Morin. L'ensemble de ses réalisations témoigne de l'importance de l'utilisation, au début du siècle, des livres de modèles et des périodiques consacrés à l'architecture provenant aussi bien des États-Unis que de l'Europe.

Si plusieurs concepteurs canadiens-français ont été formés à l'École polytechnique avant la création de la section architecture de l'École des Beaux-Arts de Montréal en 1924, certains ingénieurs formés dans des universités anglophones, dont McGill, ont également eu la chance de faire leurs preuves sur le territoire. Il en est ainsi de Frank Peden, qui, associé à Thomas McLaren, a fourni les plans de l'ensemble initial du collège Loyola, désormais intégré à l'université Concordia. On doit également aux ingénieurs certains ouvrages strictement fonctionnels, comme l'entrepôt frigorifique ou les élévateurs à grains du port de Montréal. La qualité plastique de ces œuvres à usage défini en fait cependant des monuments architecturaux.

LA FIN D'UNE ÉPOQUE

Au cours de la décennie de 1920, ce sont des collègues en provenance de l'Ontario qui devaient venir faire concurrence aux architectes montréalais. Rappelons ici l'intervention de Darling & Pearson, de Toronto, qui, avec le Sun Life Building, avaient donné à Montréal le plus vaste édifice à bureaux de l'Empire britannique, à compter de 1914, et celle de l'architecte Hugh Griffith Jones, qui fournit les plans de l'église Dominion Douglas de Westmount.

La firme Ross & Macdonald régnait alors en reine et maîtresse sur l'architecture commerciale de Montréal. En guise de concurrence à l'édifice Sun Life, et aidant à déplacer les activités de la rue Saint-Jacques vers le centre-ouest de la ville, ces architectes donnèrent les plans du Dominion Square Building, qui, avec ses parkings souterrains, constituait le premier édifice à bureaux de facture contemporaine à Montréal. La rue Sainte-Catherine étant déjà commerçante depuis l'arrivée au square Philips des magasins Birks et Morgan, Ross & Macdonald y ajoutèrent un important magasin à rayons pour la firme Eaton de Toronto.

Ernest Isbell Barott, originaire des États-Unis mais œuvrant à Montréal depuis le début du siècle, devait lui aussi marquer le Montréal commercial de son empreinte. Fournissant les plans de plusieurs édifices à bureaux destinés à la compagnie de téléphone Bell, dont son siège social de la côte du Beaver Hall, il emprunta fortement à l'architecture Art déco en usage aux États-Unis dans les années 20. Son œuvre la plus importante reste l'Aldred Building, qui ponctue le Vieux-Montréal de sa masse étagée.

UNE PÉRIODE DIFFICILE

La Crise économique de 1929 allait faire remiser tous les projets mis de l'avant par l'entreprise privée. Il appartenait désormais aux divers gouvernements d'agir pour remettre en action au moins une partie de la main-d'œuvre.

Cette période difficile de l'histoire nord-américaine donna cependant l'occasion à plusieurs architectes de se manifester, Montréal profitant de la situation pour construire des bâtiments à usage public dont les stations de police et les marchés restent les plus intéressants. Plusieurs firmes d'architectes se virent attribuer des contrats, histoire de répartir les sommes extraites du trésor municipal. Il faut dater de cette époque les marchés Atwater et Saint-Jacques ainsi que le Chalet du mont Royal, d'Aristide Beaugrand-Champagne. Subventionnés par un autre niveau de gouvernement, plusieurs arsenaux furent également construits à cette époque; rappelons que le Victoria Rifles Armoury date de 1933.

La Deuxième Guerre mondiale mit fin à la Crise économique et marqua le début d'une période de stagnation dans l'architecture montréalaise. Celle-ci renaîtra dans les villes satellites créées après 1945, par la construction domiciliaire encouragée par la Société centrale d'Hypothèque et de Logement.

LA PERCÉE DU MODERNISME

Les quinze ans qui suivent la Deuxième Guerre mondiale sont marqués par la rupture avec les modèles traditionnels encore en faveur auprès des vieux professeurs de l'École des Beaux-Arts mais de plus en plus contestés par les jeunes architectes, mieux informés des recherches du Mouvement moderne, notamment grâce à la création de la première revue d'architecture francophone d'Amérique, *Architecture-Bâtiment-Construction*.

Le changement s'exprime d'abord par l'abandon des ordres classiques et un rapprochement de l'industrie, les étudiants en architecture faisant à partir du milieu des années 50, un stage au Centre d'Apprentissage des Métiers de la Construction. Cette approche pragmatique a aussi favorisé l'inclusion de l'habitation ouvrière collective dans le champ de pratique de l'architecte.

À cette époque, les préoccupations esthétiques sont en général reléguées au second plan. Certaines œuvres se distinguent néanmoins à cet égard, comme l'église Notre-Dame-du-Bel-Amour. Conçue par Roger d'Astous, elle se rapproche de la manière de Frank Lloyd Wright.

L'influence des États-Unis s'impose clairement au début des années 60. Les grands maîtres de l'architecture moderne sont appelés à concevoir certains des bâtiments les plus prestigieux du paysage montréalais, lesquels sont réalisés avec la collaboration d'agences locales. Ainsi Raymond T. Affleck et ses associés ont travaillé avec Iesh M. Pei à l'édification de Place Ville-Marie. De même, l'équipe d'Henry E. Greenspoon érige successivement l'édifice des Canadian Industries Ltd., avec l'agence Skidmore, Owings & Merrill, et Westmount Square, avec Ludwig Mies van der Rohe; dans l'intervalle, elle construit la Tour de la Bourse avec les Italiens Moretti et Nervi.

LA CONQUÊTE DU MONDE

C'est le moment où Montréal entreprend d'occuper sa place à l'échelle internationale et convie le monde à l'exposition universelle de 1967. Elle peut faire bonne figure et présenter des bâtiments de la plus haute qualité, réalisés sans contribution étrangère, comme la résidence des étudiantes de l'université de Montréal, par l'agence Papineau, Gérin-Lajoie & LeBlanc, l'édifice de la Banque Canadienne Impériale de Commerce, par Peter Dickinson, et l'hôtel Château Champlain, par d'Astous & Pothier. Elle s'est aussi dotée de grands équipements ultramodernes: un métro, dont plusieurs stations, comme celle de la rue Peel, sont d'insignes réalisations architecturales; des hôtels originaux, comme celui de Place Bonaventure, laquelle abrite en outre un important centre d'exposition commerciale; un centre culturel, Place des Arts, qui rivalise avec le Lincoln Center de New York.

Terre des Hommes a été le prétexte à des expériences formelles et techniques qui ont marqué l'histoire occidentale. De celles-ci, le célèbre Habitat 67, de Moshe Safdie, et, bien qu'endommagé par l'incendie, le pavillon des U.S.A., par Richard Buckminster-Fuller, en témoignent encore.

La recherche plastique d'esprit baroque, typique de la fin des années 60 dépasse largement le site de l'Expo et se prolonge dans la décennie suivante. Elle imprègne tout spécialement l'église Saint-Gaétan, de l'architecte Louis Lapierre, et le stationnement étagé de l'université de Montréal, par Ouellet, Reeves & Alain. Elle épouse souvent les exigences de la préfabrication, comme à l'École des Hautes Études commerciales, de Roland Dumais. Elle mène à des extrêmes, comme le stade olympique, conçu par le Français Roger Taillibert pour les Jeux olympiques de 1976 moyennant des investissements fabuleux, et qui devient un des nouveaux symboles du paysage montréalais.

AU TRAVERS D'UNE NOUVELLE RÉCESSION

Des années 70, marquées par un important ralentissement économique, ressortent assez normalement quelques grands équipements publics qui ont soutenu le secteur de la construction et contribué à la relance, comme le Palais des Congrès, l'aéroport de Mirabel et le prolongement du métro.

Dans ce contexte difficile, la réalisation d'un ensemble aussi considérable que le complexe du mouvement coopératif Desjardins est particulièrement significative. Associés à l'urbaniste Jean-Claude LaHaye, les architectes Ouellet & Reeves y ont développé une grande place couverte symbolique de la philosophie du maître d'ouvrage et désormais point de convergence des citoyens. Du même coup, ils ont réorienté la recherche d'un microclimat protégé, amorcée depuis la construction de Place Ville-Marie. Cela nous a donné par la suite bon nombre d'atriums plantés d'arbres exotiques, comme le foyer de l'hôtel Sheraton et les terrasses attenantes aux condominiums du projet Tropiques Nord.

C'est encore pendant cette période que les problèmes de l'économie, joints à une nouvelle conscience historique, ont amené les architectes à s'intéresser davantage à la restauration des monuments, à la conservation et à la rénovation d'immeubles anciens, ainsi qu'à la conception d'édifices s'harmonisant mieux avec leur environnement. À cet égard, on retiendra, parmi les opérations les plus remarquables, la remise en état du château Dufresne, l'intégration des fragments de l'ancienne église Saint-Jacques au pavillon Judith-Jasmin de l'université du Québec à Montréal, le recyclage des entrepôts du Vieux-Montréal, de même que la construction de la Maison Alcan en retrait des résidences victoriennes de la rue Sherbrooke et le réaménagement du siège social de la compagnie Johnson & Johnson.

Le souci d'intégration des bâtiments à leur contexte a amené, ces dernières années, d'intéressantes réinterprétations de la maison montréalaise, comme c'est le cas au centre d'accueil Armand-Lavergne. Il a aussi favorisé la tendance historicisante du mouvement postmoderne, dans laquelle s'inscrit la Maison des Coopérants, dont les formes cherchent à dialoguer avec celles de la cathédrale anglicane.

Le postmodernisme s'est surtout exprimé par la reprise de la recherche plastique dans la production des nouveaux gratte-ciel du centre-ville. Les édifices de La Laurentienne et de la Banque nationale de Paris en sont des exemples probants.

UN SIÈCLE À BÂTIR

Les années 80 ont vu la prolifération de concours et de débats, ainsi que la tenue d'Archifêtes qui ont sensibilisé un plus grand public à l'architecture et fait de Montréal un des creusets où s'élaborera la prochaine avant-garde architecturale. C'est le pari que l'architecte Phyllis Lambert a fait en y implantant le Centre canadien d'Architecture.

C'est le défi que les membres de l'Ordre des architectes du Québec sont à relever à l'aube du second siècle de leur corporation.

C'est le mandat que Montréal même leur donne.

L'architecture institutionnelle occupe une place de choix dans le paysage montréalais. Sa facture était déjà largement déterminée à la fin du XVIIe siècle, les autorités religieuses catholiques contrôlant l'érection des bâtiments pour les besoins du culte et des œuvres de bienfaisance et d'éducation.

L'arrivée des nouveaux occupants encouragea, bien sûr, l'émergence de nouveaux types de bâtiments religieux, mais ceux-ci ne vinrent qu'étayer la tradition établie par leurs prédécesseurs et qui devait se poursuivre jusqu'au milieu du XXe siècle.

Place Jacques-Cartier

La place Jacques-Cartier, qui respecte les limites de l'ancien jardin du château de Vaudreuil, donne accès au Vieux-Port de Montréal. Haut lieu touristique, elle loge la colonne Nelson à sa limite nord; ce monument érigé en hommage au célèbre amiral fut le premier à être dressé dans l'Empire britannique, précédant même la colonne de Trafalgar Square.

De chaque côté de cet espace urbain né au début du XIXe siècle et qui a longtemps servi de marché public, s'alignent des édifices de pierre grise témoins de l'activité commerciale de la ville à la période victorienne.

Maison mère de la Congrégation Notre-Dame
maintenant collège d'enseignement général et professionnel Dawson

3040 ouest, rue Sherbrooke
Marchand & Haskell, construction 1904-1908
Gaston Gagnier, agrandissement des ailes arrière 1956-1957
Dimitri Dimakopoulos & Associés, en collaboration avec Jodoin, Lamarre, Pratte & Associés, recyclage en cégep 1986-1988

Considérée par la critique comme le plus beau bâtiment religieux construit dans la province depuis la création de la Confédération et classée comme monument historique en 1977, la maison mère de la Congrégation Notre-Dame est l'une des premières œuvres de l'agence fondée en 1902 par le Montréalais Jean-Omer Marchand et le Bostonnais Stevens Haskell, qui avaient tous deux parfait leur formation à l'École des Beaux-Arts de Paris. Cette commande considérable a beaucoup contribué à leur fixation au Québec, au terme d'une courte période où ils avaient également tenu un bureau à New York.

La pyramidation axiale des volumes dominés par une coupole dissimulée à l'intérieur, l'articulation du plan "en peigne", le langage romano-byzantin et même l'usage d'un béton primitif pour la structure sont des procédés en accord avec les leçons les plus avancées de l'architecture française, alors que l'usage de la brique Kittaning, à l'étanchéité exceptionnelle, tire parti d'une innovation américaine.

Oratoire Saint-Joseph

3800, chemin Queen Mary
Viau & Venne, construction de la crypte-église 1914-1916, construction de la basilique 1924-1930
Dom Paul Bellot (France) et Lucien Parent (Montréal), construction du dôme 1937
Gérard Notebaert et Jean-Claude Leclerc, fin de l'aménagement intérieur 1963-1966

À flanc de montagne, comme plusieurs édifices consacrés à la dévotion, cette basilique monumentale reçoit des milliers de pèlerins chaque année. Le projet a été conçu par le frère André, dès le début du siècle, mais on mit plusieurs dizaines d'années à construire la basilique, modifiant plusieurs fois les plans originaux, surtout à cause des difficultés occasionnées par le choix du site et des coûts de construction.

L'érection du dôme se révélant particulièrement difficile, on dut faire appel à un architecte bénédictin français, dom Bellot, pour résoudre certains problèmes techniques; il rejeta la voûte de granit originellement prévue et la remplaça par un système de deux coupoles emboîtées en béton léger. Le projet d'ornementation intérieure fut également revu par l'architecte français, qui reprit l'arc parabolique caractéristique de sa manière de faire.

L'intérieur du bâtiment put enfin être complété par les architectes Gérard Notebaert et Jean-Claude Leclerc, mais la basilique devait encore faire l'objet de travaux, et cela jusqu'en 1978.

Cathédrale Christ Church

*635 ouest, rue Sainte-Catherine, et
1440, avenue Union*
Frank Wills (Fredericton et New York) en collaboration avec Thomas Seaton Scott (Montréal), construction 1856-1859
Cyrus Pole Thomas, construction du Fulford Memorial 1869
Percy Erskine Nobbs, rénovation intérieure 1906
Ross & Macdonald, réfection du portique 1937, réfection de la flèche 1939-1940
Philip John Turner, construction de la chapelle des enfants et diverses réfections 1939

Complétée trente ans après l'église Notre-Dame, la cathédrale anglicane ne pouvait se soustraire à la stylistique néo-gothique que la Cambridge Camden Society avait entre-temps rendue populaire dans l'architecture religieuse britannique. L'architecte Wills, qui a aussi construit la cathédrale anglicane de Fredericton au Nouveau-Brunswick, a réalisé ici une œuvre élégante et bien équilibrée dont l'élément le plus remarquable demeure la flèche placée sur la tour qui marque la croisée du transept. Culminant à quelque 39 mètres au-dessus de celle-ci, la structure de pierre d'origine, trop lourde, a dû être démolie en 1927 et remplacée en 1939 par une réplique en acier recouverte de plaques d'aluminium donnant l'illusion de la pierre.

Cimetière de la Côte-des-Neiges – caveaux funéraires

rue Decelles, angle chemin Queen Mary

Le déplacement des cimetières catholique et protestant de l'actuel centre-ville à la montagne, qui s'est opéré au milieu du XIXe siècle, a été sans contredit le premier facteur qui a contribué à la sauvegarde du mont Royal comme principal espace vert de la ville. L'un et l'autre ont été conçus comme de vastes parcs, préfigurant les aménagements paysagers de Frederick Law Olmsted dans la partie résiduelle.

On y trouve néanmoins quelques constructions en accord avec les goûts esthétiques des diverses générations qui y ont été ensevelies. Sans grande contrainte fonctionnelle, les façades des caveaux funéraires traduisent plus librement l'originalité des divers architectes qui les ont réalisées et leurs allégeances stylistiques.

Université McGill

quadrilatère délimité par l'avenue Docteur-Penfield et les rues University, Sherbrooke et McTavish

Le campus de l'université McGill est adossé au mont Royal; il s'étend sur un vaste terrain ayant appartenu à James McGill, important trafiquant de fourrures du début du XIXᵉ siècle.

Sa construction la plus ancienne date de 1839, alors que le mandat d'ériger le "McGill College Building" fut confié à John Ostell. Par la suite, plusieurs des grandes agences d'architectes se virent confier des projets de construction à l'intérieur du quadrilatère ou à ses abords immédiats.

Le site fut grandement modifié au cours des années, surtout après la Première Guerre mondiale, alors que la clientèle étudiante de l'université prenait de l'importance et que l'on construisait des bâtiments destinés à la recherche. L'institution utilise de plus un bon nombre d'édifices qui n'ont pas été construits pour son usage mais qu'elle a recyclés.

Collège Royal Victoria — Université McGill

555 ouest, rue Sherbrooke
Bruce Price (New York), construction du corps central 1895-1899

Ce collège fondé pour l'instruction des jeunes filles est rattaché à l'université McGill.

L'architecte américain Bruce Price, qui avait donné les plans de la gare Windsor une dizaine d'années auparavant, fut chargé de cette construction dont le coût était défrayé par Lord Strathcona, philanthrope et grand bienfaiteur de l'université.

L'édifice de pierre grise retient surtout l'attention par l'élégance de sa loggia crénelée et le monumental escalier au centre duquel se dresse une statue de la reine Victoria, exécutée par la princesse Louise, et dont on trouve une réplique à Londres dans le parc de Kensington.

Pavillon Judith-Jasmin — Université du Québec à Montréal

quadrilatère délimité par les rues Saint-Denis, Sainte-Catherine, Berri et le boulevard de Maisonneuve
John Ostell, construction de l'église Saint-Jacques sur le site de la première cathédrale de Montréal 1855-1857
Victor Bourgeau, reconstruction de l'église après incendie, rue Saint-Denis, 1858-1860, et construction de la flèche 1880
Perrault, Mesnard et Venne, construction du transept sud, rue Sainte-Catherine, 1889-1891
Dimakopoulos & Associés en collaboration avec Jodoin, Lamarre, Pratte & Associés, construction du pavillon Judith-Jasmin 1976-1979

Le pavillon Judith-Jasmin, qui est l'un des principaux bâtiments abritant l'université du Québec à Montréal, a été construit à proximité immédiate du site où l'on avait érigé la première université montréalaise de langue française à la fin du siècle dernier.

Il intègre le clocher et le transept sud de l'église Saint-Jacques, qui a remplacé la cathédrale. Articulé à l'intérieur à partir d'une place centrale, il s'ouvre, aux étages inférieurs, directement sur le métro.

Pavillon central – Université de Montréal

2900, boulevard Édouard-Montpetit
Ernest Cormier, première phase des travaux 1926-1931, deuxième phase des travaux 1941-1942
Ludger Venne et Ernest Cormier, construction de l'Institut de Recherche en Médecine et en Chirurgie expérimentale 1946-1948

Le transfert sur la montagne de l'université de Montréal, sa conception et sa réalisation ne se sont pas faits sans heurts. Située à l'angle des rues Sainte-Catherine et Saint-Denis, l'ancienne succursale de l'université Laval de Québec souffrait de l'exiguïté et de la dispersion de ses locaux. La construction du nouvel établissement, envisagée à la suite d'un incendie en 1919, avait été repoussée à cause de la conjoncture économique. Les architectes avaient réclamé un concours, qui n'eut finalement pas lieu. Longtemps inachevé en raison de la crise économique des années 30, le pavillon principal est encore imprégné des règles traditionnelles de composition, mais traduit aussi bien par ses matériaux, sa fenestration que son langage Art déco la modernité d'un architecte à l'affût des innovations techniques et esthétiques.

Les nombreuses modifications effectuées à l'œuvre de Cormier pour l'adapter aux exigences changeantes de l'enseignement moderne comptent parmi nos meilleurs exemples de sensibilité au patrimoine architectural.

Place d'Armes

Autour de la place d'Armes, délimitée dès la fin du XVIIe siècle, se dressent des bâtiments intimement liés à l'histoire de Montréal.

On reconnaît les formes néo-gothiques de l'église Notre-Dame à l'ombre desquelles se dresse le vieux séminaire qui est en fait le manoir où résidaient les sulpiciens, seigneurs de Montréal. L'ampleur du jardin de cette grande maison construite sous le Régime français témoigne encore de l'importance de ces ecclésiastiques dans le développement de Montréal.

La place d'Armes est également un haut lieu de l'activité économique montréalaise, et ce depuis le début du XIXe siècle. La Banque de Montréal, qui a été fondée dans son voisinage immédiat, y occupe encore un espace privilégié, et certains des plus anciens édifices à bureaux montréalais y sont encore. On remarquera à l'est l'édifice Aldred, la New York Life Insurance, sa voisine, et, en face, le siège social de la Banque Nationale, construit en 1967, à partir des plans des architectes David et Boulva.

Maison mère des soeurs grises
maintenant couvent des soeurs grises

1190, rue Guy
Victor Bourgeau, construction 1869-1888
Perrault & Mesnard, clocher 1890
Joseph Venne, aile de la rue Saint-Mathieu 1898-1900

Ensemble monumental très imposant, la maison mère des soeurs grises remplace, à la fin du XIXe siècle, le couvent situé à la pointe à Callières; il reçoit les orphelins, les vieillards et les infirmes, auxquels se consacre la communauté fondée par Marguerite d'Youville.

L'architecte respecte, dans cette immense construction, le plan fourni par la tradition pour l'architecture conventuelle; il utilise la chapelle pour réunir les bâtiments qui logent la communauté et son œuvre.

La facture du bâtiment se révèle plutôt sévère, puisque Bourgeau reporte l'ornementation sur la seule façade de cette chapelle, dont le clocher, construit ultérieurement, s'inspire des modèles de Lafever publiés entre 1829 et 1850.

Inscrit dans un vaste carré de verdure, ce couvent, qui conserve sa vocation première, marque le centre d'un espace urbain de grande qualité.

Cathédrale orthodoxe grecque Saint-Georges

2455, chemin de la Côte-Sainte-Catherine
Affleck, Desbarats, Dimakopoulos, Lebensold & Sise, en association avec Kimon Karagianis, construction 1962

Première d'une série de constructions constituant un véritable centre social et culturel pour la communauté grecque de Montréal, cette structure est une intéressante interprétation moderne des formes byzantines traditionnellement utilisées par l'église orthodoxe, à l'exception du campanile d'esprit latin, qui a été demandé par l'assemblée des fidèles.

Ce bâtiment de brique, sur plan rectangulaire compact aux parois latérales infléchies, comporte une salle de réunion au niveau de la rue Wilderton et une église accessible par une passerelle depuis le chemin de la Côte-Sainte-Catherine. Le dôme articulé qui semble flotter au-dessus de l'assistance et la douce lumière dorée qui la baigne en sont les éléments les plus remarquables.

Église Erskine and American

1339 ouest, rue Sherbrooke
Alexander Cowper Hutchison, construction 1891-1894
David Robertson Brown, réfection du décor 1927-1928
David Robertson Brown et J.P. Copland, modifications 1931
Nobbs & Hyde, modifications intérieures et agrandissement 1937

Bénéficiant d'une visibilité particulière sur la rue Sherbrooke à l'extrémité de la rue Crescent, ce bâtiment religieux compose avec l'église Saint Andrew and Saint Paul et le musée des Beaux-Arts, qui la suivent à l'ouest, un ensemble monumental exceptionnel.

D'autre part, il est, avec la gare Windsor, l'un des plus beaux exemples montréalais d'architecture néo-romane à la manière popularisée aux États-Unis par Henry Hobson Richardson. La qualité de l'espace intérieur et la finesse des vitraux Tiffany méritent aussi d'être soulignées.

ÉGLISE SAINT-JEAN-BAPTISTE

309 est, rue Rachel
Casimir Saint-Jean, reconstruction de l'église sur les vestiges de la construction de 1898-1901, 1912-1914
John Bland, rénovation 1976

Cette église, érigée, à la suite d'un concours, dans un quartier populeux de Montréal, reprend les formes caractéristiques de l'architecture religieuse du début du présent siècle, qui, sur une structure monumentale, dispose une profusion d'éléments décoratifs.

Le décor intérieur est particulièrement représentatif de la période, le baldaquin concentrant l'attention des fidèles sur l'autel du sacrifice.

ÉGLISE SAINT-PATRICK

460 ouest, boulevard René-Lévesque
Pierre-Louis Morin et Félix Martin, construction
1843-1847
Victor Bourgeau, décoration intérieure
1848-1851
Perrault, Paré et Ouellet, ornementation
intérieure 1861
Werleman & Guy, restauration, 1986-

Construite pour répondre aux besoins de la population irlandaise de Montréal, l'église Saint-Patrick dominait ce qui était alors la partie ouest de la ville. Les autorités sulpiciennes, de qui relevait le bâtiment, sont à l'origine de l'utilisation des formes gothiques, que l'architecte anglais Augustus Welby Pugin avait remises en usage quelques années auparavant.

La nef de ce temple est sans transept, ce qui accentue l'élégance de son tracé; on remarquera particulièrement, à partir du boulevard René-Lévesque, l'articulation du chevet. L'église ne connaît que peu de décrochements, si l'on excepte les contreforts qui rythment les parois.

À l'intérieur, les piliers qui déterminent les trois sections de la nef sont d'une grande sobriété, mais leur élan donne la vie qu'il fallait à un édifice que des supports de moindre légèreté auraient pu rendre écrasant.

L'ornementation, d'un grand raffinement, a été commencée par Victor Bourgeau, qui y a prouvé sa connaissance du néo-gothique, et, une dizaine d'années après lui, complétée par un membre de l'illustre famille des Perrault et son équipe de sculpteurs, qui avaient déjà travaillé à la cathédrale catholique de Toronto.

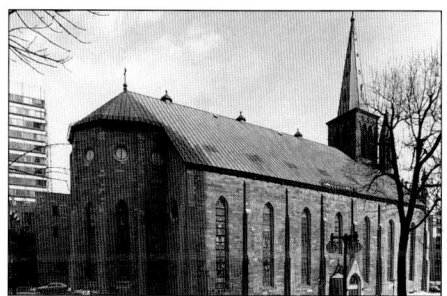

Chapelle du Sacré-Coeur – Église Notre-Dame

116 ouest, rue Notre-Dame
Perrault & Mesnard, construction 1888-1891
Jodoin, Lamarre, Pratt & Associés, réfection après incendie 1979-1982

Joyau de la fin du XIXe siècle, la chapelle du Sacré-Coeur avait été construite dans un style hispano-mauresque qui utilisait largement les bois précieux pour son ornementation.

Après l'incendie de 1978, qui consuma ses voûtes et une grande partie du chœur, les architectes chargés de la réfection choisirent de reconstruire les parties détruites en conformité avec les théories les plus avancées de la restauration. Les deux premiers niveaux, pour lesquels on disposait d'une documentation graphique suffisante, furent refaits suivant les tracés originaux, mais la voûte connut un traitement différent, avouant avec franchise l'intervention moderne.

C'est le sculpteur Charles Daudelin qui fut chargé de la création d'un nouveau retable; il choisit d'utiliser le bronze.

Église Saint-Pierre-Apôtre

1201, rue de la Visitation
Victor Bourgeau, construction 1851-1853, travaux intérieurs 1864-1865, tour et flèche 1874-1875

Première réalisation majeure de l'architecte Victor Bourgeau, qui devait donner aux diocèses de Montréal et de Trois-Rivières plusieurs dizaines d'églises paroissiales, l'église Saint-Pierre-Apôtre, d'un dessin très raffiné, reprend des formes néo-gothiques créées à New York quelques années auparavant.

L'église est remarquable par la verticalité et l'articulation volumétrique qui lui donnent une belle tour-porche et les contreforts à pinacles des façades latérales. On notera également les fenêtres à gâbles qui marquent chacune des sept travées de la nef et surtout les arcs-boutants, exceptionnels dans l'architecture québécoise, qui ont permis de voûter les bas-côtés.

Chapelle – Hôtel-Dieu de Montréal

3840, rue Saint-Urbain
Victor Bourgeau, construction de la maison mère, de l'hôpital, de la chapelle, de l'orphelinat et des dépendances 1859-1861

La chapelle de l'Hôtel-Dieu, qui ferme la perspective de la rue Sainte-Famille, occupe le centre d'un ensemble hospitalier fondé par Jeanne Mance dans le Vieux-Montréal; on y accède aussi bien de l'hôpital que du couvent des hospitalières, et cela à tous les niveaux de l'édifice. On y découvre un décor très dépouillé, résultat d'une rénovation récente.

La coupole et sa lanterne, ornées de fresques, restent néanmoins remarquables. L'éclairage tamisé provenant des seize fenêtres qui en percent le tambour paraît bien approprié au recueillement souhaité.

Grand séminaire et collège de Montréal

2065 ouest, rue Sherbrooke
François Vachon de Belmont, construction du fort des Messieurs 1685
John Ostell, construction du grand séminaire 1854-1857
Henri-Maurice Perrault, agrandissement 1868-1871
Marchand & Haskell, construction de la chapelle 1902-1907
Paul-Marie Lemieux, construction de l'aile du Centenaire 1940
Duplessis, Labelle & Derome, construction du pavillon des Anciens 1959-1960

Construites à l'emplacement d'une mission vouée à l'évangélisation et à l'éducation des peuples indigènes à l'écart des tentations de Ville-Marie, et dont subsistent deux tours en bordure de la rue Sherbrooke, ces institutions sont, dans leur ensemble, dignes d'intérêt.

La chapelle du grand séminaire retient surtout l'attention. Comptant au nombre des monuments les plus importants de Montréal, elle a été réalisée à l'intérieur des murs de la précédente chapelle et se présente comme un profond chœur de moines, sans nef ni transept. Du décor, dont la sobriété répond à la majesté de l'espace, on remarquera la charpente ajourée en pin de Colombie, l'arc triomphal qui retombe sur de belles colonnes en marbre vert des Pyrénées, le chemin de croix de Bourriché et la toile marouflée de Joseph Saint-Charles illustrant la Présentation de Marie au temple.

ÉGLISE DE LA VISITATION-DU-SAULT-AU-RÉCOLLET

1847 est, boulevard Gouin
Charles Guilbault maître maçon, construction 1749-1751
Philippe Liébert architecte, sculpteur et peintre, sculpture de la première phase du décor, comprenant le retable du maître-autel, les portes de la sacristie et la voûte du sanctuaire 1764-1775, sculpture de la première chaire et du retable du maître-autel 1791-1792
Louis-Amable Quévillon, sculpture des tabernacles latéraux et de leurs tombeaux 1802 et 1806
David Fleury-David, sculpture de la deuxième phase de l'ornementation intérieure 1816-1827
John Ostell, construction de la façade et agrandissement 1850-1852

L'église de la Visitation, classée comme monument historique en 1974, est un des plus anciens lieux de culte catholiques construits au pays.

À une coquille datant de 1749, les années ont ajouté une façade néo-classique d'un grand intérêt, mais surtout un décor intérieur raffiné qui témoigne de la qualité de la sculpture architecturale québécoise traditionnelle.

CATHÉDRALE SAINT-JACQUES-LE-MAJEUR
maintenant cathédrale Marie-Reine-du-Monde

1085, rue de la Cathédrale
Bourgeau et Leprohon, construction de la première phase 1870-1878
Joseph Michaud, deuxième phase des travaux 1885-1894
Crevier, Lemieux et Mercier, restauration de la cathédrale, agrandissement de la sacristie 1955-1960

La première cathédrale de Montréal avait été érigée en 1823, rue Saint-Denis. Dès 1855, cependant, Ignace Bourget, deuxième évêque de Montréal, imagina de la reconstruire dans l'ouest de la ville, au milieu d'une population surtout protestante.

Pour marquer son attachement au Saint-Siège, il choisit d'y reprendre les formes de la basilique Saint-Pierre de Rome.

Le temple ne fut cependant mis en chantier qu'en 1870, d'après des plans de Victor Bourgeau, architecte spécialiste de la construction à usage religieux et conventuel. Le père Joseph Michaud, également architecte, prit la direction des travaux à la suite de la retraite du premier, terminant le dôme en 1886.

Le tournant du siècle devait voir l'exécution du baldaquin placé sous la coupole, qui complète le rappel du décor de la basilique Vaticane.

ÉGLISE DOMINION DOUGLAS

687, avenue Roslyn
Hugh Griffith Jones, construction 1926-1927

Cette église occupe un espace privilégié sur la colline de Westmount, où, au début du siècle, les familles anglophones de Montréal étaient venues chercher un air plus salubre. Elle fut construite à la suite de l'union des églises presbytérienne et méthodiste de cette localité au cours des années 20.

Le bâtiment s'aligne au sud d'une des grandes artères qui sillonnent la ville, sa silhouette de pierre grise en relief semblant constituer un rempart. La dénivellation de terrain permet d'accéder aussi directement à la nef principale qu'à la salle communautaire située à l'étage inférieur.

ÉGLISE SAINTE-CUNÉGONDE

2461, rue Saint-Jacques
Jean-Omer Marchand, construction 1904-1906
Claude Beaulieu, restauration 1984

L'échelle monumentale de cette église tient au fait qu'elle a été voulue comme le bâtiment le plus prestigieux d'une municipalité encore indépendante de Montréal. Elle contraste singulièrement avec le presbytère qui la jouxte à l'ouest et que les architectes Victor Roy et Joseph-Roch Poitras avaient érigé une vingtaine d'années plus tôt.

Il s'agit, en fait, d'une reconstruction, à la suite de l'incendie qui avait détruit la première église (1877-1885). Son design, qui avait fait l'objet d'un concours réservé aux architectes catholiques de Sainte-Cunégonde, rappelle quelque peu, par son plan et sa fenestration, la chapelle du château de Versailles, et, par le motif central de sa façade, celui de l'église votive Notre-Dame-de-Consolation, que l'architecte Guilbert venait d'achever, rue Jean-Goujon à Paris, à la mémoire des victimes de l'incendie du bazar de la Charité. L'intérêt principal de l'œuvre vient des dimensions exceptionnelles de sa nef unique et de l'abondance de son éclairage naturel.

ÉGLISE SAINTE-BRIGIDE

1151, rue Alexandre-de-Sève
Poitras et Martin, construction 1878-1880
Victor Roy, clocher 1885-1886

L'église Sainte-Brigide fut construite à la suite du démembrement de la paroisse Notre-Dame-de-Montréal. Il s'agit d'une structure relativement simple ne comportant qu'une avancée qui sert de base au clocher, dont la flèche délicate est particulièrement intéressante. Elle rappelle qu'à l'époque de la construction de cette église, Montréal était désignée comme "la ville aux cent clochers".

ÉGLISE NOTRE-DAME-DU-BEL-AMOUR

7055, rue Jean-Bourdon
Roger d'Astous, en collaboration avec Robillard, Jetté & Beaudoin, construction 1955-1957

Cette église, que l'architecte Roger d'Astous a conçue peu de temps après son retour d'un stage à l'atelier de Frank Lloyd Wright, traduit de bien des manières l'influence du grand maître américain : volume principal blotti contre terre sous une toiture fortement exprimée, plan carré disposé à 45 degrés, enveloppe articulée en dents de scie, briques minces à la chaude tonalité.

Bien que simple dans son parti et modeste dans sa taille et ses matériaux, elle compte parmi les plus élégantes et les plus novatrices de son époque pour tout le Québec, encore largement dominé par la manière de dom Bellot. Elle marque aussi le point de départ d'une carrière inventive que caractérise la recherche constante d'une plasticité originale.

MONASTÈRE DOMINICAIN SAINT-ALBERT-LE-GRAND

2715, chemin de la Côte-Sainte-Catherine
Yves Bélanger, construction 1958

Une des plus insignes réalisations de l'architecture québécoise des années 50, ce couvent se présente comme un jeu de parallélépipèdes allongés à l'échelle du quartier environnant et équilibrés par un haut campanile ajouré. Des trois ailes qui forment un triangle rectangle autour de la cour intérieure, celle des chambres frappe par son obliquité par rapport à la trame urbaine. Cette disposition a été choisie pour répartir également l'éclairage naturel entre les cellules orientées au levant et celles qui font face au couchant.

Le traitement géométrique des surfaces concourt à la cohérence formelle du projet, alors que la douce polychromie de l'appareillage de brique donne de la chaleur à l'ensemble. La structure de la chapelle, très distincte de l'enveloppe et projetée vers l'extérieur, apparaît comme une intéressante inversion de la solution qu'Auguste Perret avait retenue à Notre-Dame-du-Raincy.

Collège Loyola
maintenant université Concordia, campus Loyola

7141 ouest, rue Sherbrooke
Peden & McLaren, construction Administration, Refectory et Junior Buildings 1913-1916
Alphonse Piché, agrandissement Administration Building 1926-1927
Henri-S. Labelle, construction de la chapelle et de l'auditorium 1932-1934

Les architectes qui ont réalisé les premiers pavillons ont choisi d'utiliser le gothique perpendiculaire pour leur érection, sans doute pour différencier cette institution des collèges Sainte-Marie et Brébeuf, fondés également par la Compagnie de Jésus pour sa clientèle francophone.

Le contraste entre la brique qui forme le corps des bâtiments et la pierre qui l'orne donne une grande finesse à cet ensemble très fenestré. La qualité du bâtiment central est encore accentuée par le dessin de la tour, qui lui donne un élan vertical remarquable.

La chapelle d'inspiration Queen Ann construite à l'est de la propriété mérite aussi une attention particulière.

Collège Macdonald – Université McGill

Chemin Lakeshore, Sainte-Anne-de-Bellevue
Hutchison & Wood, construction et modifications en plusieurs phases entre 1905 et 1942

Construit à l'extrémité ouest de l'île de Montréal, le collège Macdonald abrite l'école d'agriculture de l'université McGill. Il est constitué d'une dizaine de bâtiments de même facture, mais chacun doté de traits distinctifs, dispersés sur un immense terrain.

La brique rouge et la tuile qui recouvre la plupart des toits, très importants, rappellent les formes et les matériaux employés par les architectes américains de l'époque pour la réalisation de ce qu'il fut convenu d'appeler le "Mission Style".

ÉGLISE SAINT-GAÉTAN

11450, boulevard de l'Acadie
Louis-J. Lapierre, construction 1966-1967

Cette église apparaît comme l'une des œuvres architecturales québécoises les mieux accordées à leur époque. Ses formes audacieuses et éclatées traduisent à la fois l'optimisme d'une société industrielle encore triomphante, la volonté de renouveau de l'Église catholique à l'heure du concile Vatican II, et l'ouverture de notre société qui a coïncidé avec l'exposition universelle de 1967.

Dans cette perspective, elle peut être vue comme une heureuse réinterprétation synthétique des recherches de Félix Candela (voûtes paraboloïdes hyperboliques), de Kenzo Tange (passerelles et parois inclinées) et même de Le Corbusier (gargouilles).

Église Saint-Enfant-Jésus-du-Mile-End

5037-5039, rue Saint-Dominique
Victor Bourgeau, construction 1857-1858
Joseph Venne, agrandissement de l'église et construction d'une nouvelle façade 1901-1902
Louis-Napoléon Audet et René Charbonneau, verrière du dôme 1916

La paroisse Saint-Enfant-Jésus fut créée pour desservir une population ouvrière et son église fut construite en retrait de la rue Saint-Laurent, un chemin qui traversait l'île d'une rive à l'autre dès le début de l'occupation européenne.

Au tournant du siècle, le temple original fut considérablement agrandi; l'architecte fit disparaître le mur oriental et ajouta à la nef existante un polygone de grande dimension qui donnait au bâtiment un transept et un chœur adaptés au goût du jour.

La façade, qui se termine par une coupole ouvragée, fait figure d'exception dans notre architecture. Elle se distingue par son étagement pyramidal et par la richesse de sa sculpture, dont les motifs sont empruntés à de nombreuses sources stylistiques.

Villa Maria

4245, boulevard Décarie
George Browne, modifications à la maison James Monk construite en 1803, 1844
Victor Bourgeau, construction de l'aile ouest 1855-1857
Henri-Maurice Perrault, construction de l'aile est 1868-1870

C'est en 1854 que les religieuses de la Congrégation Notre-Dame firent l'acquisition de la villa construite par le juge Monk sur le flanc ouest du mont Royal, pour en faire un pensionnat de jeunes filles.

Au fil des années, on dut ajouter plusieurs ailes à l'édifice d'origine pour répondre aux besoins de l'œuvre.

Les deux corps de bâtiment d'abord construits pour encadrer le premier pavillon lui sont reliés par des couloirs vitrés; ils s'ouvrent sur un grand parc ombragé.

Maison mère de la communauté des soeurs des Saints-Noms-de-Jésus-et-de-Marie

1420, boulevard du Mont-Royal, Outremont
Viau & Venne, construction 1923-1925

Cet énorme couvent dont les ailes se replient à l'arrière de manière à rejoindre le corps central constitue une version originale plus compacte du modèle traditionnel québécois. La répartition des surfaces revêtues de pierre ou de brique est par ailleurs une habile solution de compromis où sont également ménagés les objectifs d'économie et de solennité. L'articulation baroque de la façade principale, inhabituelle dans le paysage montréalais, apporte un heureux allègement visuel à l'énormité de la masse.

Réalisée par une des agences les plus prolifiques de la période Beaux-Arts, cette résidence avait été envisagée dès 1912 en bordure du chemin de la Côte-Sainte-Catherine, à l'est du pensionnat du Saint-Nom-de-Marie (Jean-Baptiste Resther, 1903). Érigée plus haut dans la montagne, elle forme néanmoins avec celui-ci, ainsi qu'avec l'école de Pédagogie familiale, le collège Jésus-Marie, l'école de musique Vincent-d'Indy et la salle de concert Claude-Champagne (Félix Racicot et Jean-Marie Lafleur, 1957-1959), un groupe impressionnant de constructions qui témoigne de la place qu'a occupée cette communauté religieuse dans la société québécoise.

ÉDIFICE SAMUEL BRONFMAN

1590, avenue Docteur-Penfield
Fred D. Lebensold, en collaboration avec
I. Reichmann, construction 1970

Le bâtiment abritant le musée et les archives du Congrès juif canadien se dresse sur un site difficile, en pente et de forme triangulaire, au croisement de deux grands axes de circulation et dans un voisinage disparate constitué d'anciennes résidences unifamiliales et de tours d'habitation et de bureaux.

L'architecte a su respecter l'échelle des bâtiments les plus anciens, tout en adoptant un matériau et des rythmes en accord avec les plus récents. De même, il a su répondre avec simplicité aux exigences du programme et donner le caractère institutionnel approprié à la fonction, malgré les dimensions modestes du projet.

ÉCOLE DES HAUTES ÉTUDES COMMERCIALES

5255, rue Decelles
Roland Dumais, construction 1970

Construite à la périphérie du campus de l'université de Montréal à quelques années de la réalisation de Place Bonaventure, l'École des Hautes Études commerciales apparaît comme une réflexion plus poussée sur le traitement des revêtements de béton préfabriqués. Le choix d'agrégats plus clairs allège la masse du bâtiment, alors que le biseautage des panneaux et l'alternance de béton lisse et de béton bouchardé et strié concourent à son élégance par le galbe et le chatoiement de lumière qu'ils donnent aux façades.

Temple Maçonnique

1850 ouest, rue Sherbrooke
John Smith Archibald, 1928-1929

Ce temple imposant et sévère, construit pour l'usage des francs-maçons, a l'apparence d'une forteresse. On y accède par une ouverture encadrée de deux torchères, située au niveau de la rue. Son linteau est orné d'une inscription affichant les devises et les symboles de l'association.

Le premier niveau, marqué par la pierre rustiquée, accentue l'horizontalité du bâtiment, dont l'étage est marqué par la présence d'une colonnade ionique et d'un fronton.

De la maison dite "à la canadienne" au gratte-ciel de verre, l'habitation montréalaise épouse toutes les formes.

Si la ville s'est progressivement transformée pour accueillir une population toujours plus dense, l'île recèle sur son pourtour quelques maisons rurales dont la pierre grise est ponctuée de volets et coiffée de tôle.

En milieu urbain, cependant, ce sont d'abord les maisons en rangée construites à l'époque victorienne qui attirent l'attention par la complexité et la poésie de leur ornementation, alors que les grands ensembles détenus en copropriété encerclent les villages du XIXe siècle réunis en une ville grouillante d'activité.

Au profit de ses visiteurs, Montréal ouvre ses hôtels. Du palace des années 20 au cube de verre enrichi de végétation, ils accueillent la population de passage.

MAISON GEORGE STEPHEN
maintenant Mount Stephen Club

1440, rue Drummond
William Tutin Thomas, construction 1882-1884

La maison fut construite à la fin du siècle dernier pour l'usage de George Stephen, financier d'origine écossaise qui fut impliqué dans la réalisation du chemin de fer du Pacifique Canadien.

L'architecte utilisa des formes néo-Renaissance pour son érection et choisit des bois précieux pour son ornementation intérieure. La qualité artisanale de l'escalier qui partage la maison en deux parties témoigne du désir du concepteur de réaliser une résidence d'un goût très raffiné.

Hôtel Ritz-Carlton

1228 ouest, rue Sherbrooke
Warren & Wetmore (New York), Frederick Garfield Robb (Montréal), construction 1911-1912

De style néo-classique avec ornementation de terra-cotta, cet hôtel de luxe de neuf étages a été construit avec des capitaux provenant de la grande bourgeoisie qui habitait le quartier environnant. Cet espace urbain surnommé le "Square Mile" regroupait les plus grandes fortunes canadiennes.

Le palace a été agrandi en 1956, en direction ouest. Les architectes ont alors ajouté une soixantaine de chambres à la structure originale, mais il est difficile, au premier abord, de distinguer les deux phases de la construction.

À l'intérieur, on remarquera particulièrement la Cour des Palmiers, qui conduit à la Salle ovale servant aujourd'hui de salle de bal.

Château Dufresne
maintenant musée des Arts décoratifs de Montréal

4040 est, rue Sherbrooke
Marius Dufresne (Montréal) en collaboration avec Jules Renard (France), construction 1915-1918

Librement inspirées du petit Trianon, comme d'ailleurs l'ancienne Bourse et le musée des Beaux-Arts de Montréal, les maisons jumelées des frères Marius et Oscar Dufresne sont parmi les plus représentatives des goûts de la bourgeoisie du début du siècle. À l'élégance majestueuse des façades répondent le luxe et l'éclectisme du décor intérieur auquel a participé Guido Nincheri, un peintre italien fixé à Montréal et à qui l'on doit aussi l'ornementation de nombreuses églises.

Utilisées à des fins d'enseignement pendant une dizaine d'années, puis comme premier siège du musée d'Art contemporain, et enfin longtemps abandonnées, ces résidences s'étaient largement dégradées. C'est la fondation Macdonald-Stewart qui a rendu possible le long et minutieux travail de restauration donnant au musée des Arts décoratifs un cadre exceptionnel.

Ensemble résidentiel en copropriété dit Val de l'Anse

100 et 200, rue Hall, Verdun
Dan S. Hanganu, construction 1987-1988

L'île des Soeurs, qui appartenait autrefois aux religieuses de la Congrégation Notre-Dame, a commencé à se transformer en quartier résidentiel à moyenne et haute densité au cours des années 60, avec un projet conçu par Ludwig Mies van der Rohe (Chicago) en association avec les architectes montréalais Bobrow, Tornay et LaPointe.

De qualité plus que variable, les diverses campagnes de construction, qui se poursuivent toujours, nous ont néanmoins donné quelques bâtiments d'une très grande valeur architecturale.

Le plus récent de ceux-ci, réalisé par un architecte montréalais d'origine roumaine, se distingue par l'élégance de sa géométrie parfaitement contrôlée et par l'originalité de ses détails.

Hôtel Sheraton Centre

1201 ouest, boulevard René-Lévesque
Sankey, Werleman & Guy, en collaboration avec Arcop Associates, construction 1973-1982

Entrepris comme hôtel porte-étendard de la chaîne Holiday Inn, de nombreuses difficultés ont conduit à son parachèvement pour un consortium formé des compagnies Sheraton/ITT (U.S.A.) et S.B. McLaughlin (Montréal). Alors que la planification des étages des chambres est marquée au coin de la simplicité et de l'efficacité, le design du grand atrium planté d'arbres tropicaux sur lequel s'ouvrent tous les espaces publics détermine le cachet particulier du projet.

Hôtel Windsor

1170, rue Peel
Hardenberg et Gilbert (New York), Hutchison & Wood (Montréal), construction de l'annexe à l'hôtel, 1876-1878, maintenant démoli, 1906-1908
Ken London, restauration 1986-1987

Le bâtiment communément appelé aujourd'hui "le Windsor" n'est en fait que l'annexe d'un hôtel de luxe construit à la fin du siècle dernier selon les plans de William W. Boyington, architecte de Chicago. Cet hôtel était alors situé à l'intersection des rues Dorchester (aujourd'hui boulevard René-Lévesque) et Peel.

L'annexe, construite en pierre grise, couverte d'un toit mansardé, en direction nord, était légèrement plus élevée que l'édifice principal; elle a été convertie en édifice à bureaux. Son rez-de-chaussée conserve cependant l'escalier de marbre et deux des grandes salles qui ont fait la gloire du grand hôtel.

Hôtel Bonaventure

quadrilatère délimité par les rues de la Gauchetière, University, Saint-Antoine et Mansfield
Affleck, Desbarats, Dimakopoulos, Lebensold & Sise, construction 1966-1967

Il s'agit d'un immeuble multifonctionnel de 17 étages totalisant quelque 320 000 mètres carrés d'espace locatif, construit au-dessus des voies ferroviaires de la Gare centrale sans interrompre le trafic de celle-ci. Outre les bureaux et salles d'exposition de manufacturiers qui occupent la plus grande partie de l'immeuble, on y trouve une galerie marchande sur deux niveaux, un parc de stationnement souterrain d'une capacité de 1 000 voitures et, au sommet, un hôtel de 450 chambres disposées autour d'un vaste jardin planté d'arbres et doté d'une piscine extérieure chauffée à l'année, véritable oasis au coeur de la ville.

Les concepteurs de ce complexe ont été particulièrement audacieux dans le traitement de l'enveloppe extérieure, constituée de panneaux de béton bouchardé préfabriqués de manière à incorporer l'isolant thermique, selon un procédé mis au point avec le concours du Conseil national de la Recherche du Canada.

Hôtel Château Champlain et Place du Canada

quadrilatère délimité par les rues de la Gauchetière, de la Cathédrale, Saint-Antoine et Peel
D'Astous et Pothier, construction de l'hôtel
1966-1967
Parkin & Parkin (Toronto), construction de l'édifice à bureaux 1966-1967

L'ensemble de Place du Canada, relié au square Dorchester par une des rares passerelles de Montréal, comprend aussi un stationnement souterrain et quelques boutiques. La composante la plus originale est l'hôtel qui en occupe l'angle nord-ouest. Les étages des chambres, dominés par un restaurant panoramique, composent une tour cruciforme dont les faces extérieures suivent un plan polylobé inspiré des puissantes arcades de la gare Windsor voisine, comme d'ailleurs la forme cintrée des fenêtres.

FERME SAINT-CHARLES
maintenant maison Saint-Gabriel

2146, rue Favard
Architectes inconnus, construction du bâtiment original vers 1668, reconstruction après incendie 1698, construction de l'aile ouest 1826
John Bland, restauration 1965-1966

Située au lieu dit Pointe-Saint-Charles, la ferme Saint-Charles a été construite au XVIIᵉ siècle et exploitée depuis lors par les religieuses de la Congrégation Notre-Dame. Il s'agit d'une maison de pierre dont les fondations ont près de deux mètres à la base, et qui, à l'origine, faisait face au fleuve.

L'aile est fait partie de la construction originale et abritait la laiterie; l'aile ouest fut ajoutée au XIXᵉ siècle pour loger les employés de la ferme.

La maison abrite aujourd'hui un musée et est ouverte au public.

FORT DE SENNEVILLE

168, chemin Senneville, Senneville
Architecte inconnu, construction 1692

Construit sur une avancée que l'on appelle aujourd'hui Pointe-Abbott, sur le lac des Deux-Montagnes, le fort de Senneville faisait partie du système défensif de l'île de Montréal dès la fin du XVIIᵉ siècle. Il fut érigé par Jacques Le Ber, à qui avait été concédé le fief de Senneville en remplacement d'un moulin fortifié datant de 1686. Quelques années plus tard, en 1701, le propriétaire devait construire une résidence sur la face sud de cette enceinte de quarante-cinq pieds français sur vingt-deux, dont les angles forment des bastions en éperon à l'exemple du fort de Chambly. Le fort devait être détruit par les armées de Benedict Arnold, lors de l'invasion américaine.

Maison Hugh Allan dite Ravenscrag – Écuries

1025 ouest, avenue des Pins
John William Hopkins en collaboration avec Victor Roy, construction de la maison et de l'écurie 1861-1863
Taylor & Gordon, agrandissement de l'écurie 1898

Connue dès son origine sous le nom de Ravenscrag, cette maison était une des résidences les plus somptueuses de Montréal; les plans en furent donnés par J.W. Hopkins, premier président de l'Ordre des Architectes, alors connu sous le nom de l'Association des Architectes de la Province de Québec. Perchée sur la montagne, elle dominait entièrement la ville et avait vue sur le fleuve.

L'écurie, qui faisait partie du projet original, comme la maison du portier, fut amenée à son état actuel par les architectes Taylor & Gordon, à la toute fin du XIXe siècle. On notera, au-dessus de l'embrasure cintrée, la clé de voûte représentant une tête de cheval.

Maison Albert Furness dite Trafalgar Lodge

3021-3025, avenue Trafalgar
John George Howard, construction 1848

La maison connue sous le nom de Trafalgar Lodge est une des dernières survivances de l'architecture néo-gothique résidentielle à Montréal.

Construite par un Britannique émigré à Toronto, elle se distingue des bâtiments voisins par l'utilisation de la brique rouge contrastée de pierre blanche. Elle est maintenant divisée en deux propriétés.

On en remarquera les larges cheminées et les gâbles dentelés, qui témoignent de la qualité du travail des artisans de l'époque.

Maison Peter Lyall

1445, rue Bishop
John James Browne, construction 1889
Henry Beaumont, sculpture ornementale 1890
Joseph Sawyer, transformation de l'édifice en maison de rapport 1922

Cette maison construite pour un des plus importants entrepreneurs en construction de la fin du XIXᵉ siècle utilise le grès rouge importé d'Écosse; ce matériau dont on lestait les navires de commerce venant du Royaume-Uni a plusieurs fois servi de substitut à la pierre grise dans les grandes constructions montréalaises.

On remarquera sur la façade les motifs ornementaux exécutés par le sculpteur Henry Beaumont, qui reprennent des motifs médiévaux.

Escaliers extérieurs

Autrefois vilipendés par la critique, qui les disait construits "en dépit de tout bon sens" sous l'impulsion d'un "vent de folie en passe de se propager à la ville de Québec", ces escaliers extérieurs apparaissent aujourd'hui comme une réponse originale aux contraintes d'espace et d'économie de chauffage ainsi qu'aux aspirations d'individualité de chaque locataire.

Même s'il est vrai qu'ils se transforment parfois l'hiver en "échelles couvertes de glace, glissantes, dangereuses", on ne les voit plus comme des "parasites qui empêchent de juger de l'apparence architecturale" mais comme des éléments remarquables de la composition elle-même, caractéristiques de la "maison de Montréal".

Maisons victoriennes

Les esthètes du début du siècle, nourris aux règles néo-classiques dont l'École des Beaux-Arts de Paris se faisait le défenseur, s'indignaient de la profusion ornementale caractéristique de notre architecture résidentielle de la période victorienne.

L'inspiration historique ou exotique de ces créneaux, tourelles et donjons de fer-blanc se comprend différemment aujourd'hui après que le postmodernisme a puisé aux mêmes sources. C'est à ce décor que tient tout le pittoresque de certains quartiers.

MAISON ERNEST-CORMIER

1418, avenue des Pins
Ernest Cormier, construction 1930-1931

Une des plus pures manifestations de l'Art déco au Québec, la maison se développe sur cinq niveaux, mettant à profit la dénivellation de 20 mètres qui sépare la rue Redpath de l'avenue des Pins. Étudiée dans le plus menu détail, elle reflète la riche personnalité et la vaste culture de l'architecte, à la fois aquarelliste, photographe, sculpteur, musicien et ingénieur.

Il s'agit d'une structure en béton armé dont l'entrée et les espaces de réception se trouvent à l'étage supérieur, en belvédère sur la ville. À la porte, on remarquera un bas-relief représentant une tour qui rappelle celle de l'université de Montréal, autre réalisation de Cormier.

Les finis intérieurs sont extrêmement raffinés, allant des colonnes de marbre aux lambris de poirier japonais. Le mobilier, également conçu par l'architecte, utilise l'ébène macassar et la racine de noyer.

Centre d'accueil Armand-Lavergne

3500, rue Chapleau
Blouin, Blouin & Associés, construction
1979-1983

Cet ensemble résidentiel pour personnes âgées, qui s'est mérité une distinction de l'Ordre des Architectes du Québec en 1983, comprend 192 chambres, un bloc communautaire, un centre de jour, un dispensaire et des services administratifs.

Son intérêt vient surtout du soin que les architectes ont pris de l'intégrer à l'échelle et au rythme du quartier en individualisant les travées qui composent les façades. Il en résulte une atténuation du caractère institutionnel, propre à contribuer au confort psychologique des résidants.

Complexe La Cité

quadrilatère délimité par les rues Hutchison, Prince-Arthur, Jeanne-Mance et Léo-Pariseau
Eva Vecsei, en collaboration avec Dobush, Stewart, Longpré, Marchand & Goudreau, 1973-1977

Vaste opération de rénovation urbaine étalée sur sept acres et quatre îlots reliés en sous-sol, cet ensemble comprend 1 350 unités de logement de quelque 80 types différents, un édifice à bureaux de 26 étages, un hôtel de 500 chambres, un centre sportif avec piscine extérieure chauffée utilisable en hiver, une galerie marchande à deux niveaux et trois cinémas.

Il se distingue par une très haute qualité de recherche plastique à laquelle participent la texture des matériaux et l'articulation volumétrique des composantes. Une judicieuse implantation a permis de multiplier le nombre des terrasses extérieures et d'opérer un raccord sensible à l'échelle des constructions environnantes. Le charmant quartier de Milton Park dans lequel s'insère le complexe La Cité, sauvé de la démolition grâce aux pressions d'un groupe de citoyens, est actuellement en voie de rénovation.

Résidence des étudiantes – Université de Montréal

2450, boulevard Édouard-Montpetit
Papineau, Gérin-Lajoie & Leblanc en collaboration avec Luc Durand, construction 1962

La construction d'une tour triangulaire en béton de 17 étages sur le campus de l'université de Montréal a demandé beaucoup de conviction et d'éloquence aux architectes, qui ont dû remettre en question la commande d'un bâtiment horizontal allongé et l'usage traditionnel de la brique chamois comme matériau d'enveloppe.

Parmi les mérites de la solution retenue, on peut mentionner, outre la plasticité sculpturale typique des années de sa conception, le dégagement visuel du centre communautaire préalablement construit et des abords de l'avenue Édouard-Montpetit.

Cette résidence, qui s'est mérité la médaille Massey du gouverneur général en 1967, a permis de renouveler le langage architectural des constructions de l'université de Montréal.

Habitat 67

quai Mackay, Cité du Havre
Moshe Safdie en collaboration avec David, Barott & Boulva, construction 1966-1967

Expérience pilote menée dans le cadre de l'exposition universelle de 1967, cet ensemble de 158 appartements est aujourd'hui mondialement connu.

Constitué de 354 boîtes préfabriquées en béton précontraint fini au jet de sable étalées sur quelque 280 mètres de longueur, il forme une structure pyramidale très articulée de 12 étages, discutable sur le plan de son adéquation au climat local, mais excitante par sa plasticité et la générosité des terrasses.

Les diverses unités de logement, qui vont de une à quatre chambres, occupent jusqu'à trois de ces blocs de 85 tonnes et sont accessibles à partir du rez-de-chaussée ou de rues piétonnes agissant comme poutres de liaison aux 6e et 10e étages.

Elles ont été entièrement achevées avant assemblage dans une usine spécialement construite à pied d'œuvre, où les divers corps de métiers intervenaient tour à tour dans l'ordre imposé par la chaîne de montage. L'expérience, qui s'est révélée d'autant plus coûteuse qu'elle a été réduite par rapport à l'envergure initialement prévue, n'a pas trouvé d'autres applications au pays mais a été à l'origine d'autres réalisations de Moshe Safdie à l'étranger.

Ensemble résidentiel en copropriété dit Tropiques Nord

Cité du Havre
Tolchinsky & Goodz, construction 1986-1988

On doit à l'audace et à la persévérance du promoteur Jean de Brabant la réalisation de ce projet exceptionnel pour toute l'Amérique du Nord et qui exprime si bien la résistance viscérale des Québécois aux rigueurs de l'hiver ainsi que leur rêve permanent de la douceur des tropiques. Pour la première fois, un important ensemble résidentiel en copropriété bénéficie d'un vaste atrium avec plantes exotiques, cascades et piscines d'aspect naturel. Les logements eux-mêmes comportent de généreuses terrasses à l'abri des intempéries.

Village Olympique
rue Sherbrooke entre la rue Viau et le boulevard de l'Assomption
D'Astous & Durand, 1973-1976

Inspirées du projet résidentiel dit La Baie des Anges sur la Côte d'Azur, les deux tours d'habitation réalisées dans le parc Maisonneuve à l'occasion des Jeux olympiques de 1976 comprennent près d'un millier de logements, auxquels s'ajoutent deux étages de bureaux, une clinique médicale et un centre de conditionnement physique, un parc de stationnement intérieur et un petit centre commercial assurant aux résidants tous les services essentiels.

Les appartements, qui sont accessibles par des coursives extérieures, bénéficient d'une double orientation et composent des structures pyramidales libérant de vastes terrasses aux extrémités de chaque étage. Ce concept, innovateur à l'époque, a connu depuis, diverses réinterprétations.

Dernier arrêt avant les rapides de Lachine, qui marquaient sa frontière ouest, Montréal est un carrefour où ont abouti, dès le XVIIe siècle, toutes les routes de transport. Sa situation géographique particulière a généré une activité industrielle de grande envergure, appuyée par les entreprises financières implantées rue Saint-Jacques ou à proximité.

De grands architectes et ingénieurs, aussi bien locaux qu'étrangers, y ont trouvé l'occasion d'élever des bâtiments qui témoignent de l'énergie des Montréalais.

ÉDIFICE JOHNSON & JOHNSON

2155, boulevard Pie-IX
Architecte inconnu, construction 1919
Cayouette, Saia & Associés, agrandissement et rénovation 1984-1985

Au début du siècle, le quartier Maisonneuve était une municipalité indépendante qui se piquait d'être une cité modèle, alliant la salubrité d'une cité-jardin au dynamisme de nombreuses installations industrielles. La rénovation du siège social de la compagnie Johnson & Johnson marque une étape importante dans la valorisation du patrimoine industriel et dans la revitalisation du secteur. Les constructions nouvelles qui relient aujourd'hui ses vieux bâtiments et forment une cour intérieure constituent un des plus beaux fleurons de notre architecture contemporaine, comme l'a reconnu l'Ordre des Architectes du Québec en lui attribuant son prix d'excellence en 1987.

L'ensemble, qui dénote des préoccupations pour la conservation de l'énergie et la facilité d'accès aux personnes handicapées, est remarquable par la sobriété de ses matériaux, le raffinement dans le traitement des détails, l'élégance des formes et surtout la richesse des séquences spatiales.

Entrepôts de l'Hôtel-Dieu
maintenant les cours Le Royer

quadrilatère délimité par les rues Saint-Paul, Saint-Dizier, de Brésoles et Saint-Sulpice
Victor Bourgeau, construction de la première phase 1861-1863
Michel Laurent, construction de la deuxième phase 1871-1873
Desnoyers et Mercure, recyclage 1978

À la suite du déménagement de l'hôpital sur l'avenue des Pins en 1860 et de la démolition des installations existantes dans la ville autrefois fortifiée, les religieuses prirent le parti de construire des entrepôts sur le site de ce qui avait été l'Hôtel-Dieu. Ces entrepôts-magasins devaient s'avérer très importants pour l'économie de la ville en général et du port en particulier.

Derrière ces façades modulaires à la cadence massive se cachent aujourd'hui des bureaux et des appartements de luxe.

Édifice Macdonald Tobacco

2455-2457 est, rue Ontario
Architecte inconnu, construction 1874
Architecte inconnu, agrandissement 1922

L'usine de la Macdonald Tobacco construite peu après la création de la Confédération rappelle aujourd'hui que l'est de la ville connaissait, à la fin du XIXe siècle et au début du XXe, une intense activité industrielle.

Relique du style Second Empire, ce bâtiment de brique rouge ceinturé de pierre blanche est marqué en son centre par une tour imposante qui contient les escaliers. Il a fait l'objet d'une rénovation importante au cours des dernières années qui lui a fait perdre quelques-uns de ses éléments d'origine mais a assuré sa conservation.

Banque de Montréal

1850 ouest, rue Notre-Dame
Andrew Thomas Taylor, construction 1894-1895

Jadis florissant, le quartier où est construite cette succursale de la Banque de Montréal recèle encore plusieurs bâtiments importants au point de vue architectural. Cet édifice se détachera cependant toujours avec avantage dans son environnement.

L'architecte qui l'a conçu a choisi d'utiliser le grès rouge d'Écosse pour sa construction et l'a articulé en trois registres marqués par un bandeau auxquels répondent les trois travées de sa composition horizontale. Ses gâbles crénelés à la manière Queen Ann s'imposent sur le ciel de Montréal.

ÉDIFICE DE LA CANADIAN BAG COMPANY
maintenant Coopérative d'Habitation de Pointe-Saint-Charles

2491, rue Saint-Patrick
Architecte inconnu, construction 1913-1914
Charles A. Mitchell, agrandissement 1951
Boutros & Pratte, recyclage en habitations 1987-1988

Le canal reliant le village de Lachine et la rivière Saint-Pierre, coulant à l'ouest de la ville fortifiée, a été creusé selon les plans de l'ingénieur Thomas Burnet, entre 1821 et 1825, pour éviter les rapides qui interdisaient la navigation au-delà de Montréal. Il s'agissait d'un projet mis de l'avant dès 1689 par les sulpiciens, par deux fois mis en chantier et abandonné à cause des difficultés techniques de l'entreprise.

Élargi et approfondi à deux reprises (1843-1848 et 1873-1874), le canal est resté en usage jusqu'en 1970, soit une dizaine d'années après que l'ouverture de la voie maritime du Saint-Laurent ne l'eut déclassé. L'installation de nombreuses usines sur ses bords nous a donné le premier parc industriel de la région, et c'est à ce titre que le secteur est devenu parc historique national en 1978.

Un moment abandonnée à la désuétude, la zone du canal de Lachine qui a l'avantage d'être à proximité du centre-ville se transforme depuis les années 60 en un quartier résidentiel et récréatif où les vieilles installations industrielles recyclées apportent un cachet de romantisme.

GARE-HÔTEL VIGER
maintenant bureaux de la Ville de Montréal

700 est, rue Saint-Antoine
Bruce Price (New York), construction 1897-1898
Architectes de la Ville de Montréal, transformation du bâtiment en édifice à bureaux 1951-1953

La formule qui consistait à construire un hôtel au-dessus de la gare était bien connue en Angleterre lorsque William Cornelius Van Horne, président du Pacifique Canadien, demanda à l'architecte new-yorkais Bruce Price de fournir les plans de cet édifice, lui précisant que le style Renaissance française serait apprécié par les Montréalais de souche française.

L'édifice, qui a été très souvent menacé de démolition, est construit de brique orange d'Écosse et de pierre grise de Montréal, qui, avec le cuivre du toit, contribuent à lui donner son caractère pittoresque. Il est présentement occupé par des bureaux municipaux.

ÉDIFICE LONDON & LANCASHIRE

244, rue Saint-Jacques
Edward Maxwell, construction 1899

C'est en relevant la tête que le visiteur pourra apprécier ce bâtiment à sa juste valeur, la partie la plus importante de son ornementation se trouvant au niveau des étages supérieurs. Sa corniche Second Empire recouverte de cuivre forme un véritable couronnement; elle surgit au-delà d'un sixième étage à motifs sculptés ceinturé d'une élégante balustrade.

Construit à la toute fin du XIXe siècle par un architecte généralement inspiré par la production new-yorkaise, il était destiné à l'usage d'une compagnie d'assurances.

Banque Molson
maintenant Banque de Montréal

288, rue Saint-Jacques
George et John James Browne, construction 1866
Gordon & Taylor, annexes est et sud 1900
Werleman & Guy, restauration 1987-1988

Fondée en 1855, la Banque Molson fut absorbée par une entreprise concurrente en 1924. Son siège social, construit à la suite d'un concours, conserve cependant son appellation d'origine.

Ce bâtiment qui utilise de façon très élégante les formes Second Empire, très populaires, est l'un des rares qui affichent à Montréal le nom de leurs concepteurs. L'emploi du grès de l'Ohio pour son érection a facilité la sculpture de motifs ornementaux d'un grand raffinement.

Profil général de la ville, vue de l'Île Sainte-Hélène

Cette façon de présenter Montréal à partir de l'île Sainte-Hélène reprend l'angle des gravures d'époque où la ville était vue comme insérée entre le fleuve et la montagne.

Le paysage est dominé à l'arrière-plan par la silhouette des tours de Place Victoria, de la Banque Nationale et de la Banque Impériale de Commerce. À un niveau intermédiaire, on peut apercevoir le dôme du Palais de Justice, la chapelle Bonsecours et la Tour de l'Horloge qui marque la présence du Vieux-Port.

ÉDIFICE DU MONTREAL STOCK EXCHANGE
maintenant théâtre Centaur

449-457, rue Saint-François-Xavier
George Browne Post (New York) en collaboration avec Edward et William Sutherland Maxwell, construction 1903-1904 et agrandissement 1928
Roger d'Astous et Gérard Notebaert, recyclage en théâtre 1966

Formé dans l'agence de Richard Morris Hunt, le premier architecte américain à poursuivre des études à l'École des Beaux-Arts de Paris, George B. Post s'est librement inspiré ici des grands modèles de l'architecture romaine antique et de leurs réinterprétations classiques françaises; ses associés montréalais étaient d'autant mieux placés pour le suivre dans cette voie que William S. Maxwell rentrait lui-même d'un séjour d'études en France.

L'ancien siège social de la Bourse de Montréal, qu'ils ont réalisé ensemble, reste l'un des monuments les plus sympathiques de Montréal, la grandeur de l'ordre composite y étant tempérée par son juste rapport à la rue, et la richesse de la frise, équilibrée par la sobriété générale du bâtiment.

Banque de Montréal

119, rue Saint-Jacques
John Wells, construction de l'édifice original, place d'Armes 1845-1847
Stanford White (New York) en collaboration avec Andrew Taylor (Montréal), modification et extension en direction de l'actuelle rue Saint-Antoine, reconstruction du dôme 1901-1905
Werleman & Guy, restauration de la coupole 1987-1988

Créée au début du XIXᵉ siècle, la Banque de Montréal a depuis près d'un siècle et demi son siège social sur la place d'Armes à proximité de son précédent établissement.

C'est l'architecte montréalais d'origine britannique John Wells qui en a conçu les plans. Il a néanmoins dû se plier aux exigences des administrateurs de la Banque, qui lui ont imposé le modèle de la Commercial Bank of Scotland construite peu de temps auparavant à Édimbourg.

Un architecte américain, membre de l'agence McKim, Mead & White, devait, peu après 1900, lui donner les dimensions et le caractère qu'elle a aujourd'hui.

Édifice de la Banque Royale

360, rue Saint-Jacques
York & Sawyer (New York) en collaboration avec Sumner Godfrey Davenport (Montréal), construction 1927-1928

Ce gratte-ciel dont la base rappelle les palais florentins est maintenant bien intégré au paysage architectural du quartier des affaires. Au moment de son érection, on craignait cependant que sa masse ne soit trop imposante.

Les architectes américains, obéissant à un règlement municipal, choisirent de l'articuler en trois sections verticales, ce qui contrebalance sa monumentalité.

Les étages inférieurs, construits pour l'usage de la banque, sont dotés d'une ornementation remarquable où l'emploi du bronze et du marbre est particulièrement judicieux.

Entrepôt frigorifique du port de Montréal

port de Montréal, face à la rue Berri
John S. Metcalfe et R. Percy Simms ingénieurs, construction 1921-1922

Sous ces arcades d'inspiration Beaux-Arts en brique contrastée de pierre blanche se cache un des édifices les plus imposants du port de Montréal. Il s'agit d'un bâtiment de 10 étages servant à la conservation des matières périssables.

Sa silhouette massive prolongée par quatre citernes se détache sur la toile de fond de la ville et rappelle l'intense activité du havre, qui était, à une certaine époque, un des plus importants de l'est du continent.

Stationnement Louis-Colin – Université de Montréal

5255, rue Louis-Colin
Ouellet, Reeves et Alain, construction 1968

Ce bâtiment de service érigé sur un site ingrat en contrebas du pavillon principal de l'université de Montréal se réclame à la fois de la sculpture et de l'architecture. Il prouve avec éloquence que les commandes les moins poétiques et les ressources les plus limitées peuvent malgré tout être le point de départ de compositions remarquables. Il s'est mérité le prix Massey du gouverneur général en 1970.

Station Angrignon – Métro de Montréal

Jean-Louis Beaulieu, construction 1975-1976

Le métro de Montréal a cette particularité d'avoir été réalisé par plusieurs agences d'architectes, coordonnées par le Bureau de Transport métropolitain. Le design de chaque station est, en conséquence, bien individualisé, ce qui aide les usagers à se situer le long de leur parcours, tout en évitant la monotonie de celui-ci. L'intégration d'œuvres d'art contribue également à rehausser la qualité de cet environnement souterrain.

Cette station, qui a obtenu le prix d'excellence de l'Ordre des Architectes en 1979, est l'une des plus remarquables de la deuxième phase de construction du métro. La profusion de son éclairage naturel et la vivacité des couleurs utilisées la distinguent heureusement de la majorité des bâtiments enfouis, où la grisaille domine.

Tour de contrôle — Aéroport de Mirabel

Mirabel
Blouin, Blouin & Associés, 1970-1975

Il s'agit ici d'une belle structure de béton sur plan triangulaire aux angles émoussés, dont la puissance rappelle celle de certains projets futuristes de l'architecte italien Sant'Elia. Cette tour, qui est la plus haute en son genre au Canada, établit un puissant concerto avec le sévère parallélépipède noir dans lequel l'architecte Guy Gérin-Lajoie a logé l'aérogare, et s'impose dans le paysage par sa simplicité et son élégance. Les avancées des plates-formes d'observation en porte-à-faux de leurs points d'appui assurent une totale visibilité périphérique et la meilleure sécurité de la navigation aérienne.

Station Peel – Métro de Montréal

Papineau, Gérin-Lajoie & Leblanc, construction 1965-1966

L'intérêt de la station Peel, qui est au nombre des 26 premières réalisées sur autant de kilomètres du réseau initial inauguré en 1966, tient surtout à la stratégie structurale utilisée. Les hautes colonnes géminées où viennent s'insérer les poutres supportant les passerelles ont une élégance particulière qui leur vient à la fois de leur profil galbé et des rotules métalliques par lesquelles elles se raccordent au reste de la construction. Cette solution qui donne un caractère de légèreté à l'ensemble s'inscrit audacieusement dans la continuité d'une recherche déjà suggérée par Viollet-le-Duc et développée par Dutert et Contamin, Eiffel, Guimard et Behrens, dans le cadre d'édifices aujourd'hui comptés au nombre des grands monuments de l'architecture moderne.

ÉLÉVATEURS À GRAINS

port de Montréal

Réalisés par des ingénieurs et de conception plus américaine que québécoise, les élévateurs à grains sont intéressants à plusieurs égards. Non seulement ils illustrent une des activités fondamentales du port de Montréal au début du siècle, mais ils comptent maintenant au nombre des structures les plus impressionnantes et les plus familières du profil urbain en plus d'avoir joué un rôle dans l'évolution de l'architecture moderne européenne. Celui qui figure dans une publication de Le Corbusier et qui se trouvait à proximité de la place Jacques-Cartier a malheureusement été démoli à la fin des années 70. Celui-ci devrait être conservé, car il constitue une sorte de monument marquant l'entrée du centre-ville, en bordure de l'autoroute Bonaventure.

Qu'il s'agisse de vestiges fleuris du tournant du siècle ou d'éperons de verre colorés, les édifices commerciaux montréalais présentent un éventail de toutes les tendances; il règne sur leurs paliers une activité fébrile.

Plus que tout autre type de bâtiment, ces édifices témoignent de l'appartenance de Montréal à l'Amérique du Nord.

Édifice Morin
maintenant édifice du Parc

3414, rue de Bleury
Marius Dufresne, construction 1922

Il s'agit d'un curieux bâtiment réalisé par l'un des architectes montréalais les plus éclectiques. Le Château Dufresne, qu'il a construit pour lui-même et son frère, et les bains publics de la ville de Maisonneuve s'inscrivent dans la tradition Beaux-Arts. Le marché et la caserne de pompiers de la même municipalité s'inspirent respectivement de l'architecture du Second Empire et de la manière de Frank Lloyd Wright. L'édifice Morin se présente comme l'un des exercices néo-gothiques les plus achevés, encore que la parfaite régularité de sa façade procède davantage d'un esprit classique.

Tour de la Bourse

800, square Victoria
Greenspoon, Freedlander & Dunne (Montréal) et Luigi Moretti (Milan), construction 1964-1966

L'édifice forme avec l'hôtel voisin un ensemble qui, à l'origine, devait être plus considérable, l'idée initiale étant en effet de construire trois tours identiques disposées obliquement par rapport à la trame des rues.

Cette structure en béton armé de 47 étages totalisant quelque 100 000 mètres carrés et pour laquelle Pier Luigi Nervi a agi comme ingénieur-conseil est l'une des plus élégantes du paysage montréalais. Y contribuent pour beaucoup les colonnes d'angle en forme d'éperons, la couleur contrastante et le double infléchissement du mur-rideau sur chacune de ses faces, ainsi que le découpage des élévations en registres occasionné par la claire expression des fermes de contreventement.

Maison des Coopérants

600 ouest, boulevard de Maisonneuve
Webb, Zerafa, Menkès & Housden, construction
1985-1988

Cette tour sur laquelle se profile la cathédrale anglicane Christ Church bénéficie d'une position privilégiée dans la trame urbaine, qui la rend visible de bien des points de vue. Elle retient l'attention par la forme curieuse de son couronnement et par les motifs qui réinterprètent l'architecture néo-gothique de l'église. Sa construction a exigé le déplacement du presbytère de quelques mètres vers le sud; il est aujourd'hui utilisé à d'autres fins.

La construction de la galerie marchande qui prolonge le bâtiment en sous-sol jusqu'à la rue Sainte-Catherine a, durant plusieurs mois, provoqué l'étonnement des Montréalais, alors que la cathédrale, supportée par des pieux, semblait flotter.

ÉDIFICE DOMINION SQUARE

1010 ouest, rue Sainte-Catherine
Ross & Macdonald, construction 1928-1929
Duschenes & Fish, rénovation 1988-1990

Le nom de cet édifice, dont le rez-de-chaussée est traversé par une rue intérieure sur laquelle s'ouvrent des boutiques, évoque l'ancienne appellation du square Dorchester, juste au sud.

Sur une assise compacte de trois étages, le bâtiment se divise en quatre pavillons réunis par un corps transversal. L'ensemble porte une ornementation rappelant le vocabulaire roman, les bandes denticulées marquant l'étagement.

Ses sous-sols recèlent plusieurs étages de stationnement, les architectes Ross & Macdonald, spécialistes de l'architecture commerciale, anticipant dès ce moment l'importance de l'automobile.

ÉDIFICE DE LA BANQUE NATIONALE DE PARIS

1981, avenue McGill College
Webb, Zerafa, Menkès & Housden, construction 1981

Cet édifice construit au début de la dernière décennie sur la nouvelle avenue de prestige de Montréal retient l'attention par la couleur bleutée de son vitrage et surtout par l'articulation prismatique de sa façade principale.

ÉDIFICE ALDRED

501, place d'Armes
Barott & Blackader, construction 1929

Ce sont des règles de zonage édictées par la municipalité quelque temps auparavant qui ont donné à l'édifice Aldred la forme qu'on lui connaît. Inscrit sur la place d'Armes, il se démarque des autres gratte-ciel par sa configuration en cinq paliers qui permet un meilleur ensoleillement au niveau de la rue. L'ornementation intérieure, qui reprend des motifs Art déco, est d'un grand raffinement.

En empruntant le couloir qui relie la rue Notre-Dame à la place d'Armes, le visiteur pourra admirer de splendides panneaux de bronze à motifs d'oiseaux.

ÉDIFICE DE LA SUN LIFE

1155, rue Metcalfe
Darling & Pearson (Toronto), construction de la première phase 1914-1918, construction de la seconde phase 1923-1925
Darling & Pearson (Toronto) et Arthur James Carman Paine (Montréal), agrandissement et construction de la tour 1929-1931

L'édifice de la compagnie d'assurances Sun Life, qui a fait l'objet de plusieurs campagnes de construction successives, a été durant de nombreuses décennies le plus imposant édifice du pays. Il ne devait perdre sa suprématie qu'avec l'érection de Place Ville-Marie, sa voisine.

Construit face à la cathédrale, il marque de sa masse la frontière est du square Dorchester. Son hall d'entrée, qui utilise largement le marbre, reprend la colonnade imposante qui rythme ses façades.

Restaurant — Magasin Eaton

677 ouest, rue Sainte-Catherine, et
684 ouest, boulevard de Maisonneuve
Ross & Macdonald (Montréal) en collaboration avec Sproatt & Rolph (Toronto), construction 1925-1927
Ross & Macdonald (Montréal) en collaboration avec Jacques Carlu (Paris), ajout de trois étages et aménagement du restaurant du 9e étage 1930-1931

Conçu par un architecte français formé dans son pays d'origine mais professant aux États-Unis, "le restaurant du 9e", comme il est familièrement appelé, a repris en 1981 l'aspect qu'il avait au moment de son inauguration.

Cette salle à manger de 600 couverts, épousant une forme allongée à deux niveaux, rappelle celle des transatlantiques. L'éclairage indirect adoucit ses couleurs, ses marbres et ses chromes, et fournit un cadre raffiné.

Cet intérieur Art déco orné de bas-reliefs, qu'on a maintenant divisé par des panneaux de verre translucide et qui est précédé d'un foyer tout aussi élégant, est un des seuls subsistant à Montréal.

Maison Alcan et église Emmanuel Congregational

quadrilatère délimité par les rues Drummond, Sherbrooke, Stanley et le boulevard de Maisonneuve
Saxe & Archibald (Montréal) en collaboration avec Frank Darling (Toronto), construction de l'église 1906-1907
Arcop & Associates, restauration de l'église et des bâtiments longeant la rue Sherbrooke, construction des nouveaux bureaux 1979-1983

L'église Emmanuel Congregational, devenue depuis la Salvation Army Montreal Citadel et construite à la suite d'un concours d'architecture, constitue peut-être le meilleur exemple de projet inspiré par le courant néo-grec. Son impeccable restauration s'est faite en échange d'une bande de terrain nécessaire à la réalisation du nouveau siège social de la compagnie Alcan. Celui-ci a été élaboré en prenant soin de conserver l'ancien hôtel Berkeley et une importante série de maisons anciennes, ce qui lui a mérité, en 1984, le prix d'excellence de l'Ordre des Architectes du Québec et celui décerné par le Crédit foncier pour encourager les efforts de sauvegarde du patrimoine bâti.

ÉDIFICE SOUTHAM

1070, rue de Bleury
Brown & Vallance, construction 1915-1916
Barott, Marshall & Merrett, rénovation intérieure partielle 1956

Cet édifice doit à l'étroitesse du lot sur lequel il se dresse et aux lignes dominantes de sa composition un caractère de verticalité exceptionnelle pour un bâtiment de neuf étages seulement. Son ornementation procède encore du courant néo-gothique et montre l'attachement de ses propriétaires à l'Empire britannique.

Les statues-colonnes qui modulent la fenestration du premier étage représentent en effet quatre des grands États qui en faisaient partie. De gauche à droite, on reconnaît, à leurs attributs, l'Égypte (officiellement sous protectorat anglais depuis 1914), la Grande-Bretagne, l'Inde et le Canada.

ÉDIFICE MONTREAL STAR

231-235, rue Saint-Jacques
Ross & Macdonald, construction, 1929-1930

Servant, à l'origine, d'annexe au siège social du quotidien *The Montreal Star*, cet édifice Art déco est à remarquer pour la sculpture de sa façade, très intéressante bien que de faible relief. De même, ses portes de bronze rappellent l'importance de l'ornementation architecturale avant la Deuxième Guerre mondiale.

ÉDIFICE NEW YORK LIFE INSURANCE

511, place d'Armes
Babb, Cook & Willard (New York), construction 1887-1889

On considère ce bâtiment comme le premier gratte-ciel construit à Montréal, ses huit étages ayant en effet exigé la présence d'un ascenseur. Son enveloppe était encore porteuse; mais, construit à l'épreuve du feu et éclairé à l'électricité, cet édifice apparaissait néanmoins avant-gardiste.

L'observateur contemporain sera davantage attiré cependant par son ordonnance et par la qualité des matériaux utilisés pour sa construction et son ornementation.

L'inscription au-dessus de la porte d'entrée rappelle que la Quebec Bank fut, après l'inauguration, locataire principal de l'immeuble construit par la compagnie d'assurances.

ÉDIFICE CANADIAN EXPRESS
maintenant bureaux du Gouvernement du Québec

355, rue McGill
Hutchison & Wood, construction 1900

Situé à l'extrémité ouest de l'ancien quartier des affaires, l'édifice de la Canadian Express fut conçu par d'importants architectes de la métropole, qui choisirent la manière Beaux-Arts pour sa construction.

L'entreprise de transport qui commanda l'édifice se spécialisait dans les envois postaux et les chèques de voyage, à l'exemple de son homologue américaine, l'American Express.

Au-dessus d'un portique à colonnes qui réunit deux niveaux se déploient huit étages couronnés par un attique à fenêtres arquées, animé par la présence de figures animales.

ÉDIFICE GRAND TRUNK RAILROAD
maintenant bureaux du Gouvernement du Québec

360, rue McGill
Richard A. Waite (Buffalo), construction 1899-1902
Architectes du Gouvernement de la province de Québec, rénovation 1988

La compagnie de chemin de fer Grand-Tronc fut créée en 1847 pour relier Montréal, Toronto et Hamilton. Elle absorba par la suite plusieurs autres sociétés ferroviaires et les géra tout au long du XIXe siècle dans des locaux répartis à plusieurs endroits de la ville.

La construction de la gare Windsor, qui devait abriter le siège social de la compagnie rivale Canadien Pacifique, incita les autorités à construire un édifice prestigieux pour la gérance de leur entreprise.

Conçu par l'Américain Richard A. Waite et érigé sur un terrain offert par la municipalité, le somptueux bâtiment, qui épouse la forme d'un U, se trouvait alors à l'extrémité ouest du quartier des affaires.

ÉDIFICE LA LAURENTIENNE

1100 ouest, boulevard René-Lévesque
Dimitri Dimakopoulos & Associés, en collaboration avec Larose, Laliberté & Petrucci, construction 1984

Construit par un consortium formé de la Société immobilière Marathon, de la compagnie La Laurentienne et du groupe Lavalin, à l'emplacement de l'ancien hôtel Laurentien, cette tour à bureaux de 27 étages se distingue par la couleur verte de son revêtement, qui répond aux cuivres de la cathédrale Marie-Reine-du-Monde, de l'autre côté du square Dorchester.

D'autre part, sa façade oblique crée un événement intéressant dans l'alignement des édifices du centre-ville, particulièrement bienvenu à cet endroit où l'avenue Peel se désaxe.

À l'arrière-plan, on remarquera l'hôtel Sheraton Centre.

ÉDIFICE CANADIAN INDUSTRIES LIMITED

630 ouest, boulevard René-Lévesque
Skidmore, Owings & Merrill (États-Unis) et Greenspoon, Freedlander & Dunne (Montréal), construction 1962

Premier bâtiment à inscrire résolument l'architecture montréalaise dans la voie de la modernité internationale, il est directement inspiré du Seagram Building réalisé quatre ans plus tôt à New York par Ludwig Mies van der Rohe et Philip Johnson.

Centre-ville vu du mont Royal

Une véritable forêt d'édifices à bureaux forme le centre-ville de Montréal. De gauche à droite, on remarque Place Ville-Marie, la tour de granit de l'Industrielle-Vie et, à l'arrière de celle-ci, l'édifice du Montreal Trust. Inscrits sur la rue Sherbrooke et au centre de l'image, les édifices de l'Aviation civile internationale et de l'hôtel Quatre Saisons apparaissent en avancée par rapport aux édifices de la Sun Life, de Place du Canada et de l'hôtel Château Champlain. À l'ouest, donc à droite, on reconnaît deux immeubles d'habitations, le Sir Robert Peel alors en construction et le Cartier, et enfin l'édifice de la Banque Impériale de Commerce.

Place Ville-Marie

quadrilatère délimité par le boulevard René-Lévesque et les rues University, Cathcart et Mansfield
Ieoh Ming Pei & Associates en collaboration avec Affleck, Desbarats, Dimakopoulos, Lebensold, Michaud & Sise, construction 1958-1962
Arcop & Associates, réaménagement de la place 1986-1988

Construite, après des tergiversations qui ont duré une trentaine d'années, à l'emplacement des excavations effectuées pour la réalisation d'un tunnel ferroviaire sous le mont Royal, Place Ville-Marie est l'œuvre du promoteur américain William Zeckendorf.

Sa tour cruciforme de plus de 40 étages, qui totalisent plus de 300 000 mètres locatifs, est devenue depuis le symbole de la ville moderne.

Sa galerie marchande, maintes fois modifiée, a été le point de départ du réseau piétonnier souterrain de Montréal.

Complexe Desjardins

quadrilatère délimité par le boulevard René-Lévesque et les rues Saint-Urbain, Sainte-Catherine et Jeanne-Mance
La Haye & Ouellet, concept d'ensemble
1961-1971
Ouellet & Reeves, infrastructure et, en collaboration avec Roger d'Astous, hôtel Méridien
1971-1976
Blouin, Blouin & Associés en collaboration avec Gauthier, Guité & Roy, édifices à bureaux
1971-1976
Longpré & Marchand, plans d'exécution
1971-1976

Symbole de l'affirmation des francophones dans le monde des affaires et relance de la rénovation urbaine déjà amorcée à l'est du centre-ville par Place des Arts, cet ensemble comprend trois tours à bureaux totalisant plus de 400 000 mètres carrés d'espace locatif, un hôtel et un mail commercial sur trois niveaux. Il est surtout remarquable par sa vaste place couverte qui accueille une grande diversité d'activités populaires. Son animation donne raison aux concepteurs, dont l'objectif était de donner aux citoyens ce lieu de rencontre et d'échanges qui fait si cruellement défaut en hiver dans nos cités nordiques.

La différence de hauteur de l'hôtel et des édifices à bureaux a été déterminée par la volonté de s'adapter à l'échelle des bâtiments voisins. La forme particulière de l'angle des tours, reprise ensuite dans plusieurs projets, est une solution intéressante qui multiplie les bureaux d'angle, recherchés pour la double orientation de leur fenestration.

ÉDIFICE FROTINGHAM & WORKMAN
maintenant édifice résidentiel en copropriété

157 ouest, rue Saint-Paul
George Browne, construction 1871

Le bâtiment qui marque la face nord de la rue Saint-Paul à la hauteur de la place Royale donne à la sévère ordonnance de la Vieille Douane qui lui fait face (John Ostell, 1836-1838) une réplique de même qualité.

On remarquera que les travées centrales de l'édifice sont légèrement plus larges que celles qui les flanquent à gauche et à droite. Ce type de traitement ainsi que les puissants bossages de la pierre rappellent certains palais italiens de la Renaissance, une source d'inspiration particulièrement répandue dans l'architecture commerciale de la seconde moitié du XIXe siècle, qui tendait à donner ses lettres de noblesse à des bâtiments strictement utilitaires.

ÉDIFICE CAVERHILL

451-457, rue Saint-Pierre
Cyrus Pole Thomas & William Tutin Thomas,
construction 1865-1866

Même privé de sa corniche d'origine, l'édifice Caverhill apparaît encore comme l'un des exemples les plus frappants que nous ayons de cette architecture commerciale victorienne dont l'exubérance reflète l'âge d'or de l'Empire britannique, au moment où les propriétés de la Compagnie des Indes lui sont dévolues et où l'Acte de l'Amérique du Nord britannique est sur le point d'être signé. À la sévérité néo-classique, de mise dans la première moitié du siècle, a succédé la richesse ornementale dérivée du maniérisme italien.

On notera spécialement le rez-de-chaussée, où s'accumulent des motifs que l'on retrouve assagis et en nombre progressivement réduit aux étages supérieurs : colonnes baguées et cannelées à mi-fût, arcs à claveaux saillants un sur deux, corniche à ressaut s'articulant en frontons.

ÉDIFICE CANADA LIFE

275, rue Saint-Jacques
Richard A. Waite (Buffalo), construction 1895

L'architecte de Buffalo qui fut le concepteur des plans de cet édifice érigé pour le compte d'une compagnie d'assurances a donné à Montréal plusieurs de ses édifices à bureaux à la fin du siècle dernier.

Il a utilisé ici un étagement en cinq sections marquées de baies en hémicycle et de bandes sculptées dont l'ornementation est particulièrement remarquable.

Marché Bonsecours

360 est, rue Saint-Paul
William Footner, concept et début des travaux, et
George Browne, parachèvement 1844-1847
Architectes de la Ville de Montréal, rénovations
générales 1964 et 1977

Ce bâtiment entrepris à la suite d'un concours d'architecture peut être considéré comme l'ancêtre des grands immeubles multifonctionnels montréalais. Alors que ses niveaux inférieurs étaient affectés à la fonction commerciale, son étage supérieur se partageait entre une salle de réunion et une salle de concert dans l'aile orientale et les locaux qui ont servi d'Hôtel de Ville de 1852 à 1878 dans sa moitié ouest. Avec sa longueur de plus de 150 mètres, sa coupole élancée et son austère portique dorique dont les colonnes métalliques ont été fondues en Angleterre, il s'agit très certainement du legs le plus impressionnant de la période néo-classique. Grâce à sa position en bordure du fleuve, il conserve une visibilité qui lui permet encore de contribuer à la dignité du paysage montréalais.

ÉDIFICE HAGAR

367-373, place d'Youville
James Springle, construction 1855

Il s'agit d'un édifice commercial tout à fait remarquable, compte tenu de son époque. À mi-temps des brutalités du classicisme romantique et du pragmatisme de l'école de Chicago, la façade de l'édifice Hagar frappe d'abord par l'importance de sa fenestration, annonciatrice du mur-rideau. Elle s'impose aussi par son refus de tout autre ornement que les piliers du rez-de-chaussée et la corniche à modillons du couronnement. Cette sévérité, compensée par la force de l'articulation plastique, contraste singulièrement avec la profusion décorative qui a marqué le goût de la décennie suivante, comme l'illustre l'édifice Caverhill. Elle témoigne d'une époque qui recherchait la beauté dans la pureté des lignes architecturales plus que dans la richesse du décor.

COMPLEXE WESTMOUNT SQUARE

quadrilatère délimité par la rue Sainte-Catherine, l'avenue Wood, le boulevard de Maisonneuve et l'avenue Greene, Westmount
Ludwig Mies van der Rohe (Chicago) en collaboration avec Greenspoon, Freedlander, Plachta & Kryton (Montréal), construction 1965-1966
Arcop & Associates, modifications intérieures 1988-1990
Jean Lemieux, modifications extérieures 1988-1990

L'ensemble, quelque peu réduit par rapport au projet initial, comprend deux tours d'habitation et une tour à bureaux en verre et métal noir érigées sur un podium de travertin abritant une galerie marchande, un parc de stationnement et divers autres services.

La finesse de l'exécution caractérise l'ensemble, même si les rigueurs de notre climat ont donné tort aux architectes au niveau du choix du travertin comme matériau de revêtement extérieur. Une polémique survenue au moment des travaux de réparation et de modification devenus nécessaires a eu le mérite de sensibiliser l'opinion à la sauvegarde du patrimoine architectural récent.

Du musée à la prison, de la piscine à la bibliothèque, du cinéma à l'Hôtel de Ville, les édifices publics offrent tous les services, et une population diverse et colorée s'y côtoie tous les jours.

Les deniers publics ont assuré leur construction, et la collectivité y a vu l'occasion d'employer les architectes les plus réputés. Ceux-ci ont déployé un arsenal varié de formes et de couleurs, donnant le plus souvent possible libre cours à leur créativité.

Jardin botanique de Montréal

4477-5605, boulevard Pie-IX et 4101-4601 est, rue Sherbrooke
Lucien F. Kéroack, construction de la première phase 1932-1933, construction de la seconde phase 1936
Henry Teuscher, architecte-paysagiste, aménagement des jardins 1937

C'est durant la période de la dépression économique que fut aménagé le Jardin botanique, à la suite des travaux de recherche du frère Marie-Victorin, botaniste de réputation internationale.
   Le pavillon principal qui abrite l'administration se rattache au courant Art déco. L'architecte nous en donne une interprétation réservée qui laisse la vedette à l'élément végétal. Derrière celui-ci se trouvent les grandes serres, qui présentent une grande variété de plantes provenant de toutes les parties du monde.

Pavillon des États-Unis d'Amérique – Expo 67

île Sainte-Hélène
Richard Buckminster Fuller & Sadao Inc. en collaboration avec Geometrics Inc., Cambridge Seven Associates Inc. (Cambridge, Massachusetts) et George F. Eber (Montréal)

Ce pavillon sphérique que l'on projette de restaurer depuis l'incendie qui l'a ravagé en 1976 fait quelque 77 mètres de diamètre et est surtout remarquable par le treillis métallique d'environ un mètre de profondeur qui en constitue la charpente.

Son enveloppe aujourd'hui disparue était en acrylique transparent et constituée d'une série de dômes à base pentagonale ou hexagonale fixés à la face interne de la structure.

Vulnérable au feu, elle était, en outre, problématique sur le plan de l'étanchéité, compte tenu des fortes contractions et dilatations qu'entraîne notre climat. Pour leur part, les lames brise-soleil triangulaires qui lui étaient attachées et qui étaient actionnées par quelque 600 moteurs activés par la lumière solaire se sont avérées insuffisantes pour assurer le confort intérieur.

Cette réalisation demeure néanmoins une œuvre expérimentale de grande valeur, même à l'échelle internationale.

Palais des Congrès de Montréal

201 ouest, avenue Viger
Prus, Labelle, Lalonde et Lemoyne, construction 1978-1983

Établi au-dessus de l'autoroute Ville-Marie pour servir de pont entre le Vieux-Montréal et l'axe oriental du centre-ville que constituent Place des Arts et les complexes Desjardins et Guy-Favreau, ce projet doit toujours être complété par l'adjonction de fonctions urbaines connexes au niveau des rues avoisinantes.

Outre la prouesse technique de sa réalisation sur un site aussi difficile et le fait qu'il puisse accueillir jusqu'à 10 000 congressistes, le palais a ceci d'intéressant qu'il abrite un hall d'exposition de 10 000 mètres carrés. De plus, il a été conçu de manière à réduire, par ses terrasses supérieures et la remarquable verrière qui court sur toute la longueur des salles de réunion, l'impression d'étouffement habituellement ressentie dans ce genre de construction.

Pavillon de la France – Expo 67

île Notre-Dame
Jean Faugeron et André de Mot (Paris) en collaboration avec André Blouin (Montréal), construction 1965-1967

Un des rares édifices subsistant de l'Expo 67, le pavillon de la France, devenu le Palais de la Civilisation, est construit sur la lagune de l'île Notre-Dame.

Prenant pour centre un bassin muni d'une scène flottante sur laquelle se déroulait à l'origine un spectacle son et lumière, les architectes ont réparti les surfaces d'exposition sur les sept niveaux du pourtour du bâtiment; un jeu savant d'escaliers permet de circuler à sa guise pour accéder aux présentoirs de son choix.

Ancien Palais de Justice
maintenant bureaux de la Ville de Montréal

85-155 est, rue Notre-Dame
Ostell & Perrault, construction 1851-1857
Alphonse Raza et Maurice Perrault, ajout d'un étage, construction de la coupole et réaménagement intérieur 1890-1894
R.-Adolphe Brassard, agrandissement 1903-1905
Architectes de la Ville de Montréal, réaménagement intérieur 1978
Werleman & Guy, rénovation 1986-suiv.

L'ancien Palais de Justice est le résultat d'un concours d'architecture dont le projet lauréat a été sensiblement modifié pour satisfaire à divers changements de programme et à l'exigence du client d'avoir un portique aussi prestigieux que celui de la Banque de Montréal à la place d'Armes.

Par deux fois agrandi, puis doté d'une annexe sur le côté opposé de la rue Notre-Dame, avant d'être délaissé pour la moderne Place de la Justice elle-même maintenant insuffisante, sa sévère silhouette néo-classique a été sensiblement altérée par l'adjonction d'une coupole, à la fin du siècle dernier. Les rénovations récentes ont changé le caractère de la plupart des pièces, mais l'immense hall et ses escaliers à double révolution nous conservent toujours un bon exemple de la conception majestueuse qu'avaient les architectes du XIXe siècle des espaces d'accueil dans les grands bâtiments publics.

THÉÂTRE OUTREMONT

1248 ouest, rue Bernard, Outremont
René Charbonneau, construction 1928
Emmanuel Briffa, décoration intérieure 1928

Bon nombre de conciergeries de la rue Bernard ont été construites à l'instigation du promoteur Fred Trudeau, qui a aussi pris sur lui d'offrir à la population riveraine l'avantage d'un équipement socio-culturel de premier plan.

Le théâtre Outremont, qui a réalisé cet objectif, est aujourd'hui reconnu comme l'une des salles de spectacles à décor onirique les plus remarquables subsistant au Québec.

RIALTO HALL
maintenant cinéma Rialto

5711, avenue du Parc
Joseph Raoul Gariepy, construction 1923
Emmanuel Briffa, décoration intérieure 1923

Ce lieu de divertissement pouvait, au moment de son inauguration, accueillir plus de 1 300 personnes. Encore en usage, il comprend une salle de cinéma avec balcon et une salle de danse, le rez-de-chaussée recevant des commerces.

Sa façade imposante aurait, semble-t-il, été conçue pour rappeler l'Opéra de Paris; son décor intérieur, encore largement intact, est signé Emmanuel Briffa, peintre d'origine maltaise, qui se rendit responsable de l'ornementation de plusieurs salles de cinéma à Montréal et dans d'autres villes importantes de l'Amérique du Nord.

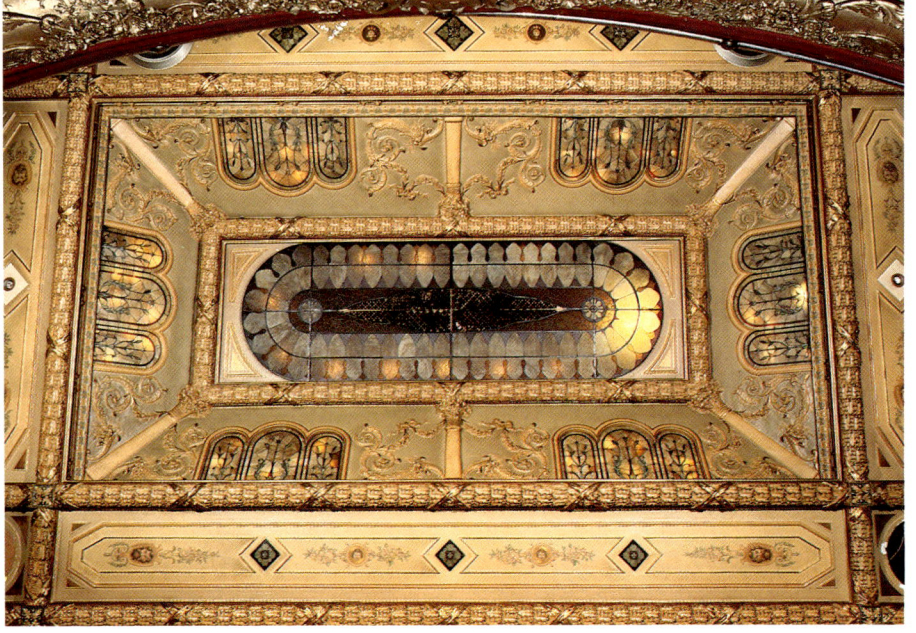

Bains publics Généreux
maintenant piscine Généreux

2050, rue Amherst
Jean-Omer Marchand, construction 1924-1927

La piscine dont le conseiller municipal Généreux s'était fait le promoteur est probablement la plus intéressante de toutes celles que la Ville de Montréal a fait construire dans les années 20, époque où l'administration municipale était particulièrement préoccupée par la santé publique. Ses équipements, bien modestes selon les normes actuelles, étaient en leur temps à la pointe du progrès.

La stratégie structurale et le type de fenestration utilisé pour la grande salle sont directement repris de la piscine de la Butte-aux-Cailles, construite à Paris peu de temps auparavant par l'architecte Louis Bonnier. Les jeux géométriques de l'appareillage de maçonnerie sont aussi inspirés par l'architecture française de l'entre-deux-guerres. La console à mascaron qui retient l'attention à la clé du grand arc d'entrée est l'œuvre du sculpteur Elzéar Soucy et représente une tête de baigneur.

HÔTEL DE VILLE DE WESTMOUNT

4333 ouest, rue Sherbrooke
Robert et Francis R. Findlay, construction
1922-1924
Bolton, Aimers & Ellwood, rénovation 1965

Le territoire de Westmount fut érigé en municipalité en 1874, mais l'Hôtel de Ville actuel ne fut construit qu'en 1922; il abrite les services municipaux d'une ville comptant environ 20 000 habitants.

Faisant référence aux châteaux forts écossais puisqu'une partie de la population de la petite ville a des racines en Écosse, les architectes dressèrent dans la partie est de la ville cet édifice imposant en utilisant la pierre grise extraite des carrières de Montréal.

BAINS PUBLICS MAISONNEUVE
maintenant piscine Morgan

1875, boulevard Morgan
Marius Dufresne, construction 1914-1916
Architectes de la Ville de Montréal, rénovation 1962

Cet édifice à la belle façade Beaux-Arts, que plusieurs disent inspirée de la Grand Central Station de New York, peut être considéré comme l'un des symboles de l'ancienne municipalité de Maisonneuve, qui fondait son progrès sur la salubrité et l'industrie.

Des sculptures qui ornent le bâtiment, les *Petits Baigneurs* d'Alfred Laliberté ainsi que la *Naïade* et le *Gymnaste* de M.A. Dubert se comprennent aisément. Par contre, le groupe représentant un homme maîtrisant deux chevaux placé au sommet du fronton est plus ambigu. Il pourrait s'agir d'une illustration d'Hercule ou encore de Neptune, des divinités associées aux concepts de force et de santé, ou, dans le dernier cas, à l'élément aquatique.

À proximité immédiate des bains, et terminant en grandeur la perspective du boulevard Morgan, le même architecte nous a laissé un monumental marché inspiré de l'architecture Second Empire.

Place des Arts

quadrilatère délimité par les rues Sainte-Catherine et Jeanne-Mance, le boulevard de Maisonneuve et la rue Saint-Urbain
Affleck, Desbarats, Dimakopoulos, Lebensold & Sise, construction de la salle Wilfrid-Pelletier 1963-1964
David, Barrott & Boulva, construction des théâtres Maisonneuve et Port-Royal 1964-1966
Dimitri Dimakopoulos & Associés en collaboration avec David, Boulva & Cleve, agrandissement de la scène 1989-1990
Jodoin, Lamarre, Pratte & Associés, construction du musée d'Art contemporain 1984-

Conçue à la même époque que le Lincoln Center de New York, Place des Arts est encore loin d'être achevée, car, au-delà du musée d'Art contemporain, d'autres constructions sont prévues à l'angle nord-est de l'ensemble.

La salle Wilfrid-Pelletier a été nommée en hommage à l'un des chefs les plus estimés qui aient dirigé l'Orchestre symphonique de Montréal. Elle s'est révélée l'un des foyers les plus actifs de la vie culturelle montréalaise, malgré les compromis acoustiques et spatiaux et surtout malgré l'image élitiste qu'a provoquée dans bien des esprits le formalisme rigide de sa composition.

Stade olympique

Parc olympique, quadrilatère délimité par les rues Sherbrooke, Viau, Pierre-de-Coubertin et le boulevard Pie-IX
Roger Taillibert (Paris) en collaboration avec les architectes de la Ville de Montréal

Terminé dix ans après les Jeux olympiques de 1976 pour lesquels il a été commandé, le stade de Montréal restera sans doute longtemps le plus coûteux de la planète. Les architectes du Québec ont déploré qu'une commande publique d'une telle envergure ait été effectuée sans concours. L'édifice est malgré tout d'une qualité plastique indéniable et d'une valeur expérimentale certaine sur le plan de la technique.

HÔPITAL ROYAL VICTORIA

687 ouest, avenue des Pins
Henry Saxon Snell (Londres) architecte concepteur, James R. Rhind (Montréal) architecte superviseur, construction du bâtiment principal 1891-1893, annexe de la clinique externe 1898
Edward & William Sutherland Maxwell, construction de la résidence des infirmières 1906
Stevens & Lee (Boston) et Kenneth Guscotte Rea (Montréal), construction du Ross Memorial Pavilion 1915-1916
Stevens & Lee (Boston), construction du Royal Victoria Montreal Maternity Hospital 1925-1926
Barrott, Marshall, Montgomery & Merrett, construction de l'aile chirurgicale 1953-1955 et construction d'une aile de 10 étages 1958-1959

Ce vaste établissement hospitalier inséré dans la montagne regroupe plusieurs pavillons autour d'un bâtiment central construit par un architecte anglais qui lui a donné des allures de forteresse médiévale. Il reprend les théories énoncées et matérialisées au milieu du XIXe siècle à Paris à l'hôpital Lariboisière par l'architecte Martin-Pierre Gauthier et en Grande-Bretagne par Florence Nightingale, qui avait compris qu'il était nocif d'entasser les malades. Le plan de cet hôpital annonce une révolution dans la construction des hôpitaux montréalais, qui avaient jusque-là conservé, comme à l'Hôtel-Dieu, un système traditionnel de soins.

Prison de Bordeaux

800 ouest, boulevard Gouin
Jean-Omer Marchand et R.-Adolphe Brassard, construction 1907-1912 et 1930
Jean-Charles Fortin, construction des cuisines et de la cafétéria 1968
Robillard, Jetté & Caron, modifications 1976

Entrepris pour remplacer la vieille prison désuète du Pied-du-Courant (1832-1836), ce nouvel établissement pénitentiaire a été planifié à partir des exemples américains les plus récents. Le modèle ultime, élaboré en France sur la base du Panoptique de Jeremy Bentham (1791), reste néanmoins la prison de la Santé à Paris, dont la similitude formelle est absolue (Auguste Vaudremer 1865-1885).

Centre canadien d'Architecture – les jardins

boulevard René-Lévesque, angle Saint-Marc
Melvin Charney, architecture et aménagement 1987-1989

Aménagés en face du musée et accessibles au public, les jardins du Centre canadien d'Architecture constituent une remarquable réalisation de design urbain; leur conception tient compte de l'historique de la ville en général et du site en particulier.

Chacun des éléments architecturaux qui y sont intégrés constitue un rappel historique et contribue à la signification de l'ensemble; celui-ci sert de tampon entre une rue résidentielle de prestige comme l'était la rue Dorchester au début du siècle et l'autoroute Ville-Marie, qui a scindé la ville contemporaine.

Centre canadien d'Architecture

1920, rue Baile
William Tutin Thomas, construction de la maison Shaughnessy 1873
Peter Rose, Eric Marosi, Nicholas Garrison architectes, et Phyllis Lambert architecte-conseil, construction de la nouvelle partie 1985-1988
Denis Saint-Louis, restauration de la maison Shaughnessy 1986-1988

Le Centre canadien d'Architecture est un centre d'étude et d'exposition qui se consacre à promouvoir l'art de l'architecture.

Entourant un bâtiment historique qui porte le nom de Maison Shaughnessy, rappelant son troisième propriétaire associé au développement du Pacifique Canadien, le bâtiment neuf prend une enveloppe de pierre grise de Montréal. L'Ordre des Architectes lui a décerné son prix d'excellence en 1989, mettant ainsi en valeur un édifice où les détails de finition aussi bien intérieure qu'extérieure sont d'une grande qualité.

Chalet du mont Royal

1196, voie Camillien-Houde
Aristide Beaugrand-Champagne, construction 1931-1932

Le belvédère d'où l'on peut observer le centre-ville a été construit en 1906 par les architectes Marchand & Haskell en association avec les frères Edward et William S. Maxwell, à la suite d'un concours auquel avait déjà participé Aristide Beaugrand-Champagne. Il se complétait alors d'un charmant pavillon de bois qui devint rapidement un des lieux de rendez-vous préférés des Montréalais. Si bien qu'après l'avoir agrandi à deux reprises on décida de le remplacer par le "chalet" actuel.

Le grand hall, où se tiennent occasionnellement des réceptions officielles de la Ville ou des expositions, se distingue par son impressionnante charpente et un cycle de scènes historiques réalisées par le peintre Paul-Émile Borduas.

Bibliothèque Redpath – Université McGill

3459, rue McTavish
Taylor & Gordon, construction 1890-1891, agrandissement 1901
Nobbs & Hyde, agrandissement 1921 et 1937
McDougall, Smith & Fleming, agrandissement 1950-1952
Dobush, Stewart & Bourke, rénovation 1968-1969

La structure néo-gothique de la salle Redpath, un des bâtiments faisant partie du campus de l'université McGill, rappelle l'attachement d'une partie de la population de la ville à ses origines britanniques.

Élevée à la suite d'un legs de Peter Redpath, qui succéda à son père à la tête de la première raffinerie de sucre canadienne, la salle Redpath fait pendant au musée Redpath, construit grâce à la générosité du même donateur.

HÔTEL DE VILLE DE MONTRÉAL

275 est, rue Notre-Dame
Alexander Cowper Hutchison et Henri-Maurice Perrault, construction 1872-1878
Architectes de la Ville de Montréal, reconstruction après incendie 1922-1926
Siméon Brais, agrandissement arrière 1932-1934
Architectes de la Ville de Montréal, rénovation 1988-1990

Montréal est la première ville canadienne à s'être dotée d'un bâtiment monumental exclusivement affecté à l'administration municipale. Sa silhouette initiale, modifiée à la suite de l'incendie de 1922, relevait de la stylistique Second Empire.

Les architectes qui l'ont reconstruit à l'intérieur des mêmes murs et surélevé d'un étage se sont largement inspirés de l'Hôtel de Ville de Tours (France), très certainement à l'instigation de Jean-Omer Marchand, émule du Français Laloux et président de la commission consultative qui les assistait.

Le décor du hall d'honneur, celui de la suite du maire et celui de la salle du conseil ont reçu une attention qui range ces pièces au nombre des plus soignées de la ville. Les verrières qui tamisent l'éclairage de la salle des délibérations, réalisées par la maison O'Shea, sont illustrées de bâtiments et paysages qui symbolisent les différents secteurs d'activité des citoyens.

Annexe de l'ancien Palais de Justice
maintenant édifice Ernest-Cormier

100 est, rue Notre-Dame
Louis-Auguste Amos, Charles Jewett Saxe et Ernest Cormier, construction 1920-1926

L'ancien Palais de Justice, construit entre 1851 et 1856 sur le côté nord de la rue Notre-Dame par les architectes Ostell & Perrault, s'était vite révélé de dimensions insuffisantes. Après lui avoir ajouté un étage à la fin du XIXe siècle et l'avoir étendu à l'ouest en 1905, on a envisagé un nouvel ajout côté sud, dès 1910.

L'architecte Jean-Omer Marchand, qui en avait tracé les plans, n'apparaît pas parmi les signataires du projet finalement réalisé pendant la décennie suivante, mais a néanmoins joué un rôle déterminant dans sa conception, alors qu'il était l'associé d'Ernest Cormier. C'est lui notamment qui a fixé la forme de l'entrée en exèdre et la disposition transversale du grand hall. Cette salle des pas perdus est sans contredit, avec ses lambris de travertin, ses hauts pilastres cannelés, sa frise festonnée et l'éclairage zénithal qui lui vient de ses trois coupoles, un des intérieurs les plus majestueux de Montréal.

Institut de Technologie de Montréal
maintenant pavillon Arts-IV de l'université du Québec à Montréal

200 ouest, rue Sherbrooke
Maurice Perrault, Charles Jewett Saxe et Louis-Alphonse Venne, construction 1909-1911

Bien qu'aujourd'hui largement remaniée et légèrement amputée, l'École technique, qui a été conçue en stricte conformité avec les principes d'ordre, de clarté et d'hygiène édictés par Julien Guadet dans son traité *Éléments et théories de l'architecture*, garde toujours la qualité de son ordonnance.

À l'origine, les classes d'enseignement théorique, la bibliothèque, l'auditorium et les locaux de l'administration se greffaient à une circulation simple à partir du grand hall, dont le portique à colonnes répondait fièrement à la façade de la chapelle de l'Hôtel-Dieu, à l'autre extrémité de la rue Sainte-Famille. Les ateliers de formation pratique étaient de manière contrastante établis en contrebas de la rue Sherbrooke et réalisés avec des types de structure, d'enveloppe et de fini reproduisant l'ambiance et les conditions de faible confort que les étudiants étaient susceptibles de trouver dans l'industrie.

HÔTEL DE VILLE DE MAISONNEUVE
maintenant Maison de la Culture Maisonneuve

4120 est, rue Ontario
Joseph Cajetan Dufort, construction 1910-1911

De facture classique, ce bâtiment avait originellement pour fonction d'abriter les services municipaux de cette cité industrielle modèle, décrite comme "la Pittsburg du Canada". Le développement de cette ville n'ayant pas connu les résultats escomptés, elle fut annexée à Montréal quelques années à peine après sa fondation.

Le large portique de cet édifice introduit le visiteur dans un univers typique de la manière Beaux-Arts, largement favorisée par les architectes de Montréal au début du siècle.

Victoria Rifles Armoury
maintenant Réserve des Forces canadiennes, le Régiment de Maisonneuve

691, rue Cathcart
David Jerome Spence, construction 1933

Cette caserne, comme plusieurs bâtiments canadiens à usage militaire, se donne des allures de château fort écossais.
 L'intérêt du bâtiment tient à sa façade massive, rythmée de verticales dont certaines sont formées de cordons surmontés de grotesques.

Théâtre Loews
maintenant cinéma Loews

954 ouest, rue Sainte-Catherine
Thomas W. Lamb (New York), construction 1917
J.A. Guilbault, décoration 1917
Mandel C. Sprachman (Toronto), modifications intérieures et division en cinq salles 1975

Ce théâtre conçu pour recevoir près de 3 000 personnes est aujourd'hui divisé en cinq salles. Un examen même rapide du bâtiment permet cependant de constater que son décor original est intact.
 Le hall d'entrée est particulièrement digne de mention; il ressort d'autant plus que la façade de cet immense bâtiment s'ouvrant rue Sainte-Catherine a perdu tout son intérêt lors d'une rénovation.

L'édition originale de *L'Architecture de Montréal*,
qui contient 112 photographies en couleurs
et 131 photographies en noir,
a été tirée à 5 000 exemplaires dont 1 000 ont été reliés et numérotés
pour la Ville de Montréal.

Imprimé au Canada